西條剛央

母子間の抱きの
人間科学的研究

ダイナミック・システムズ・アプローチの適用

北大路書房

まえがき

　本書は，2004年に早稲田大学人間科学研究科に提出し，受理された博士論文「母子間の抱きの人間科学的研究：ダイナミックシステムズアプローチの適用」に若干の加筆修正をしたものである．本書は，博士論文の複合的性質によって，主に4つの関心に応えられる構成になっている．以下に，それぞれの関心に応じた「読み方」ができるよう，本書を読み解く視点を示しておく．

　第一に，本書は，母子間の「抱き」を研究テーマとしていることから，母子関係（関係性）の発達研究としての側面をもつ．特に，ダイナミック・システムズ・アプローチを理論的基盤としていることから，「抱き」の「捉え方」にはいくつかの点で根本的な変更が加えられている．従来，抱きは「母親行動」として捉えられてきたが，本書では，抱きを「母子システム」として捉えることになる．また多くの先行研究において，「抱き」は「型」として「静的な」捉えられ方をしてきたが，本書ではダイナミックに変化する「動的なシステム」として捉えることになる．
　現象の「捉え方」を変更する意味は，通常想定されている以上に大きい．たとえば，「抱き」を母親行動として捉えれば，母親の行動に着目して分析することになるだろうが，母子システムとして捉えれば子どもの行動も視野に入ってくる．また，データ収集から分析，解釈に至るまで，抱きを「動的に組織化されるシステム」として捉える．こうした「視点に伴う変更の仕方」は，抱きや母子関係に限らず，さまざまな現象を対象としている研究者に参考にしていただけると思う．
　そしてこの前提から構成された各研究を踏まえ，総合議論において，最終的に"抱きとは母子の身の重なりあいにおけるうごめきである"という「視点」が導き出される．その視点は，従来の行為研究が，完了した事態に対する事後的な説明づけをもって，行為者が進行形としてやっていることを理解した気に

なっていたことを浮き彫りにする。そしてそれが行為研究に根本的な変更を迫るものとなることを，先行研究における行き詰まりを打開することなどによって示した。この視点は，異なる心理現象を扱っている研究者にとっても有益な視点となりうると思う。これらに関しては，序論や各研究の考察，総合議論に集約されているので，関心のある方はそれらを中心に読み進めていただければと思う。

第二に本書は，人間科学的研究の実践としての側面をもつ。現在人間科学を標榜する学部や学科は全国の多くの大学に設置されている。学生にとって，人気のある（関心のある）学問を複数学ぶことができる人間科学という学際的な場は，とても魅力的なものであろう。

しかし，いったんそこに入ってみると，多くの人が奇妙な感覚を受け取ることになる。どういうことかといえば，そこで学んでも，肝心要の「人間科学」とは何かがさっぱりわからないのである。入学当初は，きっと勉強「量」がたりないのだと問題を先送りできるのだが，不思議なことにさまざまな学問を学べば学ぶほどわからなくなるのである。この感覚を，筆者なりにより正確に表現するならば，「人間科学とは何かはわからないということがよくわかるようになってきた」といった方がよいだろうか。

もちろん，これは筆者の頭がそれほどよくないせいかもしれないが，どうもそれだけではないようである。なぜなら，アカデミックのレベルでも，「人間科学とは何か」に対して正面から答えた論考はほとんど見られないからだ。実際，「人間科学とは何か」という基本的だが根本的な問いに真正面から答え，明確な人間科学像を提示した文献はほとんど見られないといっても言い過ぎではないだろう。

本書は「人間科学とは何か」という問いに対してメタレベルで答えるものではないが，研究法レベルで人間科学を考える際の1つの視点となるような枠組みは提起したいと考えている。その成否はもとより読者に委ねるしかないが，人間科学が志向する「全体」という茫漠たる概念を明確に規定することにより，「人間科学的研究法」の提起と実践を試みた。人間科学に関心のある方は特に1章と，総合議論を中心に読んでいただければと思う。

第三に，本書には，ダイナミック・システムズ・アプローチの実践的研究としての意味がある。ダイナミック・システムズ・アプローチとは複雑系の科学を背景に1990年代にテーレンとスミス（Thelen & Smith）という2人の発達心理学者によって提唱された新たな発達理論である。なお，本書では以下，ダイナミック・システムズ・アプローチを「ＤＳＡ」（Dynamic Systems Approach）と略記することとする。

　ＤＳＡはその独自の理論的枠組みによって，一見何の関係もないような要因が強い影響力をもっていることを明らかにし，先行知見を覆すことに成功しており，海外では大きな注目を集めている。しかし，その一方で国内においては，適切な理解にもとづく研究はほとんど行なわれていないのが現状である。国内で普及してこなかった理由はいくつか考えられるが，ここでその一端を挙げるとすれば，ＤＳＡの難解さが先行し，実際の研究に適用するためのエッセンスが隠された形になっていることを指摘できよう。したがって，1章では，従来の発達研究法や他の理論との関係や，その歴史的背景等については最小限度の記述にとどめ，ＤＳＡを発達研究に適用し，分析するために必要なエッセンスのみを厳選して示すこととした。

　ＤＳＡが普及しない理由の第二として，従来の発達研究法は，発達を「変化として」「動的に」扱うための十分な方法論をもっていなかったことが挙げられる。ＤＳＡがダイナミズムを捉える方法に代わるものではないことはテーレンとスミス（1998）も認めるところである。実際，筆者も対象を動的なシステムとして扱うＤＳＡを適用するにあたり，それに適した方法を独自に考案する必要があった。本書の研究2・研究4には，ＤＳＡを体現するための工夫が施されてあるので，ＤＳＡを使ってみたいという人にとって，ＤＳＡの1つの研究モデルとなればうれしく思う。そして，ＤＳＡ実践の国内における先駆けの1つとなる本書が，多少なりともＤＳＡの普及に役立つことができれば幸いである。

　そして，先述した人間科学的研究法の認識論となるのが「構造構成主義」であり，これが本書の第四のテーマ，「構造構成主義の実践」という側面につながる。構造構成主義とは，人間科学，つまり多パラダイム並列科学を十全に機

能させるために体系化された「原理」である。原理であるために，メタ理論・研究・実践とさまざまな次元で機能する。

　たとえば本書は，構造構成主義を認識論とすることによって，発達研究を関心や目的に応じて柔軟に組織化可能な「構造構成的発達研究法」（本書28ページ）とでも言うべき枠組みとなっている。そこでは横断研究／ＤＳＡ（縦断研究）といった発達研究法が目的に応じて選択され，また数量的アプローチ／質的アプローチといった分析法の柔軟かつ理論的に整合性のある選択が可能となっている。なお，これは「適当に思いついた方法をいろいろ使ってみました」といったイイカゲンな方法論的折衷主義ではない。そうではなく，関心や目的と相関的に（応じて）適切な方法を選択し，状況に応じてそれらを組み合わせる「方法論的多元主義」に他ならないのである。

　また，そうしたメタレベルの研究構成法としての側面に加え，総合議論（3章）における「視点モデル」（本書120ページ）にも構造構成主義の特徴が現われている。構造構成主義では，研究で得られた構造は，人間が構成したものである以上，客観的な真実ではありえないという原理的立場をとる。そしてその構成された構造は，当該の現象を「説明」する説明モデルとして提起されることもあり，また類似の現象を「理解」する「視点としてのモデル」として提起されることもある。本書においても，総合議論において双方のタイプのモデルを提起している。

　構造構成主義の特色は後者にあり，本書においてこれは先述した"抱きとは母子の身の重なりあいにおけるうごめきである"を指す。「視点モデル」は簡単にいえば，「現象を理解する眼鏡」として機能するモデルである。したがって，視点モデルの価値は，従来の現象の見方に変更を与えられるかどうかにかかってくる。より正確にいえば，新たな視点によって現象をより上手に理解できるようになったり，先行研究の行き詰まりを打開できたりすれば提示された視点に価値があることになる。総合議論の最後では，この視点モデルが，従来の行動研究に，より妥当な行為理解のための新たな視点をもたらしうることを，知見の再解釈，先行研究，現場等さまざまな観点から示している。

　ただし，本書では博士論文全体のバランスを考慮したため，構造構成主義と他の認識論との関係等の説明は必要最低限にとどめた。構造構成主義について

詳しく知りたい方は，本書に続いて2004年中に公刊される『構造構成主義とは何か』（北大路書房）を参照していただければ幸いである。それとセットで読んでいただくことにより，本書の構造構成主義の実践例としての「意味」をより深く受け取ってもらえることと思う。

なお，先述したように構造構成主義は「原理」であるために，さまざまなレベル・領域に援用可能である。たとえば，最近心理学で注目されている質的アプローチにも援用され「構造構成質的心理学」として結実している（西條，2003, 2004）。また，それを体系的に提示したものとして『構造構成質的研究法—質的研究のグランド・セオリー』（新曜社）も2004年中に公刊される予定なので，質的研究に興味のある方はそちらも参照してもらえればと思う。

以上のように，複数のテーマが同居していることは本書の長所でも同時にあり短所でもありうるだろう。短所としては，テーマが絞り込まれていない印象を与えてしまい，それが読みにくさにつながってしまう可能性が考えられる。しかし，本書の「読み方」を示しておけば，読者の多様なニーズにある程度応えられると考えたため，多少長めのまえがきを添えて博士論文をほぼそのままの形で出版させていただくことにした。もっとも本書は，筆者の複合的関心や全体性への志向の結果ということができるため，それらを「分解」するのではなく，それらの関心の融合体としての本書「全体」に興味をもって読んでいただければ望外の喜びである。

なお本書は博士論文を基盤としているため，各研究は文体，統計手法も含め専門的なものになっており，心理学の専門的な教育を受ける以前の大学生などにはむずかしく感じられるところもあると思われる。そういった場合は，無理をして各研究の詳細な統計，分析法などを理解しようとする必要はない。これは本書に限らないが，そもそも関心の無いものは読んでも何も頭に入ってこず眠ってしまうのがおちであり，何がなんだかさっぱりわからないといような箇所は，その時点では何度読んでもわからないものなのである（文章自体に問題があることも多い）。多少背伸びすれば関心をもって読める本（箇所）を読み続けて，自分なりの「考え方」を育てる方が，成長することができると考えて

いる。したがって，わからないところはさっさと読み飛ばしていただきたい。そしてもし，専門的な観点からその知見の導き出し方（分析法）が気になった時には，各研究の詳細に当たっていただければ幸いである。

　しかしながら，本書をできる限り関心をもって読んでもらいたいという気持ちを失っているわけではない。一見難解な文章も，自分なりの視点をもって読めば，「なんだそういうことか！」とすっと入ってくるものである。そうした視点の意味も込めて，本書のキーワードとなる「抱き」「ＤＳＡ」「人間科学」「構造構成主義」に関する問題意識やそのポイントを示してきたつもりである。こうした視点を参考としていただき，自分が興味をもって読めるところを読み，各人の関心に合わせて，そこから現象を捉える「新たな視点（見方）」を獲得してもらえればと思う。

　ただし，データの収集に際し大変お世話になった現場の方々やたくさんのお母さんとその子どもたちに直接還元する本にできなかったのは，博士論文がもとになっているという制約があるとはいえ，心苦しい思いがある。いつの日か，現場により直接的に役立つ本を書かせていただくということで，今回はご容赦願えればと思う。

　本書は学生生活の集大成ではあるが，研究者としては出発点に立ったに過ぎない。多くの方々のご叱咤，ご指導を願うものである。そして，本書が人間科学や発達研究の発展に多少なりとも寄与できれば幸いである。

西條剛央

もくじ

序……………………………………………………………………………… 1

1章 人間科学的発達研究法の提起に向けて……………………………… 3

  人間科学の現状　4
  人間科学的研究法の考案　9
  抱きへの人間科学的研究法の適用　15
  発達研究法再考　16
  人間科学的発達研究法の理論化　23
  ダイナミック・システムズ・アプローチ　24
  求心－遠心：母子関係を捉える両極　30
  母子間の抱きの人間科学的研究に向けて　32

2章　抱きの人間科学的研究……………………………………………… 35

  研究1　母子の抱きにおける母親の抱き方と乳幼児の「抱かれ行動」に関する横断的研究：「姿勢」との関連を中心に　36
  研究2　母子間の横抱きから縦抱きへの移行に関する縦断的研究：ダイナミック・システムズ・アプローチの適用　48
  研究3　母子間の"離抱"に関する横断的研究：母子関係を捉える新概念の提唱とその探索的検討　71
  研究4　母子間の"離抱"に関する縦断的研究：ダイナミック・システムズ・アプローチの適用　89

3章　総合議論 ……………………………………………………………111

  4つの研究から得られた知見　112
  説明モデルの提示　113

    自己組織化がもたらすもの　　115
    視点モデル　　120
    視点の有効性の検証　　122
    人間科学的研究のモデル提示とその吟味法　　127

    引用文献　　131
    被引用文献　　139
    あとがき　　141

　本書の各章は右のページに示したそれぞれの論文に基づき，それらに加筆・修正したものである。なお，それらのうち『発達心理学研究』に掲載されている論文については本書中に多くの直接引用箇所があるため，該当箇所については日本発達心理学会から転載の許可を得た。特に，研究3の元となっている「母子間の"離抱"に関する横断的研究：母子関係を捉える新概念の提唱とその探索的検討」については，2003年11月8日に受理され，『発達心理学研究』第15巻第3号（2004年12月発行予定）に掲載予定の論文であるが，印刷中の段階で転載することについて日本発達心理学会から許可を得た。なお，研究4の元となる論文は日本学術振興会の支援のもとで行なわれたものであり，また清水武との共著であることを付言しておく。

序

西條剛央 2003 抱き 根ヶ山光一・川野健治（編） 身体から発達を問う：衣食住のなかのからだとこころ 新曜社 198-200.

1章

西條剛央 2001 縦断研究のための土壌創り：「縦断研究法」の体系化に向けて 発達心理学研究, 12, 242-244.

西條剛央 2002 母子間の「横抱き」から「縦抱き」への移行に関する縦断的研究：ダイナミックシステムズアプローチの適用 発達心理学研究, 13, 97-108.

西條剛央 2002 人間科学の再構築Ⅰ：人間科学の危機 ヒューマンサイエンスリサーチ, 11, 175-194.

西條剛央 2002 生死の境界と「自然・天気・季節」の語り：「仮説継承型ライフストーリー研究」のモデル提示 質的心理学研究, 1, 55-69.

西條剛央 2003 「構造構成的質的心理学」の構築：モデル構成的現場心理学の発展的継承 質的心理学研究, 2, 164-186.

西條剛央 2003 人間科学の再構築Ⅱ：「人間科学の考え方」再考 人間科学研究, 16, 129-146.

西條剛央 2003 人間科学の再構築Ⅲ：人間科学的コラボレーションの方法と人間科学の哲学 ヒューマンサイエンスリサーチ, 12, 133-145.

西條剛央・清水 武 2003 菅原ら論文（1999）を改めて検証する：発達研究枠組みの再考 発達心理学研究, 14, 90-92.

西條剛央 （印刷中） 母子間の"離抱"に関する横断的研究：母子関係を捉える新概念の提唱とその探索的検討 発達心理学研究, 15（頁未定）

2章

研究1
　研究1は平成11年に早稲田大学人間科学部に提出した卒業論文に加筆修正した，以下の論文がもととなっている。
西條剛央・根ヶ山光一 2001 母子の「抱き」における母親の抱き方と乳幼児の「抱かれ行動」の発達：「姿勢」との関連を中心に 小児保健研究, 60, 82-90.

研究2
　研究2は平成13年に早稲田大学人間科学研究科に提出した修士論文を加筆修正した以下の論文がもととなっている。
西條剛央 2002 母子間の「横抱き」から「縦抱き」への移行に関する縦断的研究：ダイナミックシステムズアプローチの適用 発達心理学研究, 13, 97-108.

研究3
西條剛央 （印刷中） 母子間の"離抱"に関する横断的研究：母子関係を捉える新概念の提唱とその探索的検討 発達心理学研究, 15（頁未定）

研究4
西條剛央・清水 武 （準備中） 母子間の"離抱"に関する縦断的研究：ダイナミックシステムズアプローチの適用

母子間の抱きの人間科学的研究

ダイナミック・システムズ・アプローチの適用

A Human-Scientific Study of Holding in Mother-Infant Relationship:
An Application of the Dynamic Systems Approach

序

> 「ふれる」ことは必ず「ふれられる」ことで，この交差において，相手の「からだ」が呼びさまされるのだ。この直接性――わたしは生きている――この，あらゆる愚かしさと分別と罪と喜びとを孕みかつ担う「からだ」の，また「からだ」と「からだ」のぶつかり合いの，うごめきを記述すること。その気付きの驚きと喜びとが，これらの文に動いていれば嬉しい（竹内，2001）。

　発達の初期において，最も基礎となる2者関係は多くの場合母親との関係である。母子関係において，授乳，あやし，運搬，コミュニケーションといった行為はしばしば「抱き」を介して実行される。したがって，抱きは母子という基本的2者関係において，さまざまな行動を媒介する重要なシステムといえる。

　抱きに関連した研究においては，子どもを左右のどちらで抱くことが多いかといった問題に関する研究が多く見られるが，そもそも抱きという行為がどのようなものであるかは検討されていない。

　抱きという行為の基本的構造を解明することなく，左右の優位性の原因を追求することは，歩行という行為の基本構造を明らかにすることなく，目をつぶって歩くと左側に曲がっていくのはなぜかを明らかにしようとすることと同様に，本来検討すべき順序が逆であろう。したがって，抱きを全体的に理解することによって，発達初期の新たな母子関係の一面を描き出し，抱きという行為を理解するための新たな視点を提示できるのではないだろうか。

　そして抱きの全体的理解のためには人間科学的研究法が求められる。そのためには人間科学を再考した上で，それを方法として体系化する必要がある。もし，その枠組みに依拠した上で，母子間の抱きの全体的理解に成功すれば，本書で提起される人間科学的研究法の有効性が示されたこととなろう。

　本書は母子間の抱きを人間科学的研究法に基づき検討し，その基本的構造を明らかにすることを目的とする。

1章　人間科学的発達研究法の提起に向けて

本書は，人間科学的なアプローチによって，母子間の抱きの理解を試みるものである。それでは，本書における中心概念の1つとなる「人間科学」とは何を意味するのであろうか。そして「人間科学的研究法」とは，いったいどのような方法論となるのだろうか。人間科学は既存の枠組みとして確立されていないため，この点に関する議論を避けて通ることはできないことから，ここで改めて議論しておくことは重要な意味をもつだろう。

このため，1章の主な目的は大きく2つに分けられる。第一に，人間科学の志向性を論じた上で，「人間科学的研究法」を提起することが挙げられる。第二に，現在の発達研究の枠組みを再考し，「人間科学的発達研究法」として再体系化することである。以下，順に論じていくことにする。

人間科学の現状

人間科学はこれまでの専門化・細分化に邁進してきた個別科学の限界と反省から，人間存在を総合的に理解する科学が求められ，その結果生まれてきたということができる（柿崎，1992，菅村・春木，2001）。

したがって，人間科学の第一義性として「人間を全体として捉える」ことが挙げられている（濱口，1988；春木，1988，野嶋，1997；菅村・春木，2001；徳永，1997）が，この人間の統一的，全体的理解の方法こそ困難な道なのである（春木，1988）。

このため「これまでのところ Human Sciences が Human Science として一人立ちできるような新しい研究の手法を確立できたわけではない」（比企，1997）とさえいわれており，人間科学は全体的理解の方法という課題を超克できずにいるのが現状である。

これは人間科学の歴史が浅いためであろうか。確かに，そのように考えることは簡単である。しかしながら，全体的理解の方法が開発されなかった必然的構造を視野に入れずに，時間の短さに原因を押しつける考え方では問題を先に推し進めることはできないであろう。現在，これまでの考え方や打開の仕方の「質」を真摯に問い直すことが求められている（西條，2003a）。

人間科学の哲学

　人間科学を体現するために，哲学の力が必要となるのは，まさにこのような閉塞的状態を打開するためといってよい。おそらく「人間科学者は科学の営みに従事すべきであり，ゆえに哲学は人間科学に必要ではない」という意見もあり，また哲学に対しては，「思弁的」「観念的」「お話に過ぎない」といった批判も少なからずあるだろう。[★1]

　しかし「人間科学とは何か」という問いに，経験科学的知見（データ）の集積による解決は可能であろうか。確かにそうした知見が，解明のための道具として役立つことはあるかもしれないが，この種の難問を，たんなる科学的知見の集積により解決することは，原理的に不可能であることに注意しなければならない。

　その理由を，よく知られているゼノンの「アキレスと亀のパラドクス」という哲学的謎を挙げて説明してみる。このパラドクスは，経験的に追い越せないわけはないのに，論理的に考えればアキレスは亀をけっして追い越せないというものである。すなわち，この謎の要諦は，「あるテーゼに基づくと，なぜか経験的（科学的）知と異なる事態になってしまう」というものであることから，それを科学的知の集積により解こうとするならば，トートロジーの罠に陥ることになることがわかるだろう。[★2] 哲学不在の科学では，このような閉塞的状況を打開できないことを悟らなければならない。

　吉岡（1989）が人間科学のあるべき姿を論じる中で，「サイエンスが方向性を見失ったときに学問をリードするのは哲学である」ため，「哲学の役割は特に重要である」と鋭く指摘するように，科学的営為だけでは「全体としての科学」の進展は望めないことに気づく必要がある。春木（1988）も「人間を人間としてあらためて理解してゆこうとするとき，人間科学はある前提の上に立っている」ことから，「人間科学の前に人間についての哲学（文学）を必要とする」点を指摘している。科学と哲学は車の両輪のようなものであり，人間科学の実現には，どちらも不可欠なのである。

　たとえば，いくら人間科学が「全体的理解」を第一義においたとしても，われわれが己の外に出ることができないことから，文字通り「現象全体」を捉えることは，原理的に不可能である。また，言うまでもなく，有限の存在である

われわれがすべてを調べ尽くすことも不可能である。そうした意味での「全体的理解」を掲げても，それは達成不可能な夢物語でしかなく，実質科学的な意味は消失してしまう。哲学的営為によって「全体的理解」といった議論の前提からあらためて問い直す必要があるといえよう。

しかし，哲学的議論は重要な出発点ではあるが，ゴールではない。したがって，哲学的思考と並行して，春木（1988）が「人間を全体的に，ひとつかみにして理解する枠組みと方法が明らかにされなければならない」と述べているように，人間の全体的理解を志向する「人間科学的研究法」とでもいうべき枠組みを整備し，具体性をもつ枠組みとして提示する必要がある。

従来の全体的理解の仕方

人間の全体的理解とは，これまでどのように論じられてきたのであろうか。春木（1988）によれば，統一的，全体的な理解の仕方として，「束論」「還元論」「共通項論」「学際論」「ゲシュタルト論」が取り上げられ，論じられている。また，この論考はその後の多くの研究で引用されている（濱口，1988；野嶋，1997；西條，2002b，2003b，2003c；菅村・春木，2001；菅村，2003）ことからも，人間科学の金字塔と位置づけられるだろう。そこで，春木（1988）の論考を検討し，有効性が確認されたアプローチについてはさらなる議論を進める。

[束論]　これは「既存の諸学問が人間科学という名のもとに1か所に集まっただけ」であり，春木（1988）はこれをして「内容的になんら新しいことは起こらない」と述べている。現在の人間科学がこの状態にあることはすでに指摘されている（西條，2002b；菅村・春木，2001）。

[還元論]　これには研究対象の還元論と方法論の還元論があるとされる。前者に関しては，「自然科学の諸分野においては，高度な生命科学から物質科学までの間については，この考え方が無意識のうちにとられている」ものである。後者の方法論の還元論としては，ウィーナー（Wiener, 1954/1979）のサイバネティックスの概念を一例として挙げている。この還元論は「無意識のうちに取られる」ことによって，異領域への無理解と排除が助長される危険性があるといえよう。また，そもそも人間科学は，要素還元主義や細分化による人間理

解の限界から生まれたことを考えれば，これは人間科学が志向すべき全体的理解とはいえないであろう。

[ゲシュタルト論]　これは「全体は全体として理解すべきで，要素から理解できないとする」立場である。春木（1988）はこれを「要素を解明し，それを総合する」という「総合のむずかしさをもつ考え方と比較して，魅力的な考え」としながらも，その「具体的な方法論」の欠如と，「そこからでき上がった構造論に乏しい」というつかみどころのなさを指摘している。なお，ピアジェ（Piaget, 1968/1970）によれば，ゲシュタルト論は全体を要素以前のものとして捉えており，要素か全体かといった不毛な二項対立的構図から脱却できていない点で，これは不完全な全体論といえよう。

[学際論]　「各学問の領域の者が，1つのテーマについてそれぞれの立場からアプローチし，見解を提出するという意味」であるが，春木（1988）は「学問そのものには変化はなく，協力体制を作る」ということで，「束論に近い」としている。菅村・春木（2001）もこれを支持しているが，西條（2003b）は学際性を人間科学の第一義性に置くのではなく，数ある人間科学的意義の1つとして位置づければ，それは依然として有効な枠組みとなりうることを論じている。すなわち，目的に応じて，学際性の意義を捉え直せば，人間的事象の立体的理解を目的とした際に，さまざまな領域の専門家が同じテーマに対してアプローチする学際論は，有効なコラボレーション法の1つであるといえよう。

また，学際的アプローチは，1つの研究に対して複数の領域の研究者がアプローチするだけでなく，1人の研究者が複数の観点から現象にアプローチすることもある（たとえば，根ヶ山，2002）。それに対して，「学融的アプローチ」（Gibbons et al., 1994/1997；佐藤，1998，2002）とは，複数の領域の研究者により行なわれ，1つの問題解決に焦点化するものであり，その点において学際とは異なる人間科学的アプローチとして挙げられる（西條，2003b）。そして，それらは，トライアンギュレーションという枠組みに包括することができる（西條，2003a，2003c）。

トライアンギュレーションとは「1つの現象に関する研究で複数の方法（または複数のデータ源，複数の理論，複数の研究者）を用いる」（Holloway & Wheeler, 1996/2000）というものである。デンジン（Denzin, 1989）は，トラ

イアンギュレーションを,「データ」「研究者」「理論」「方法論」といった4つの代表的なタイプに分類している。

しかし,認識論的な視点から分類するならば,これらの分類は表面的なものに過ぎず,認識論内トライアンギュレーションと,認識論間トライアンギュレーションといった分類が重要な意味を持つことになる。量的アプローチと質的アプローチのトライアンギュレーション★3は,異なる認識論的前提に依拠する方法論を併用する試みということもできる。そしてこの場合,双方において相矛盾する知見が得られた際に難問が露呈するのである(西條,2003a,2003c)。つまり,相容れない認識論的前提に依拠した2つ以上の方法論によって矛盾した結果が得られた場合,いずれかの認識論を基軸とするかによって,どちらか一方の結果の信憑性を不当に下げねばならなくなるのである。

つまり認識論間トライアンギュレーションにより新たに派生する問題についてのメタ理論的な解決が要請されるということである。矛盾を矛盾ではなく,そのまま包括的に扱うためのより精緻な理論的枠組みが求められるといえよう。この難問の解消については認識論の議論の箇所で述べることとする。

[共通項論] これは「諸学問,あるいは諸現象に共通してみられる現象を抽出して,それによって統一的に理解してみるという考え方」(春木,1988)である。最近では,春木(2002)はこの共通項論として,「行動(行為)」を基軸に,「身体心理学」という新たな領域を提唱している。

また根ヶ山(2002)も「行動」は,「『こころ』『からだ』『環境』の3要因が重なったところに位置づく人間理解の基本概念」として,自らの発達行動学的視点に基づく論考を人間科学的なアプローチに位置づけている。そして行動を基軸とすることで,人間像を立体的に構築する可能性を示唆していることから,これも共通項論ということができよう。このように,共通項論に基づくアプローチは,人間科学の1つの有効な方法として位置づけることができよう。

しかし,ひとたびこれを「人間科学総論」として位置づけると,実質的な還元論に陥ってしまい,人間科学が対象とする現象を著しく限定し,それと相容れない立場の排除につながりかねないので注意を要する。さもなければ,心理学において,行動主義が心を行動という一側面に閉じ込めることによって心を統一的に理解した気になっていたのと同じ過ちを繰り返すことになるだろう。

ただ、このような危険性を自覚しておきさえすれば，共通項論のもつ潜在的発展性は高いと考えられる。

人間科学的研究法の考案

以上，春木の人間科学考（1988）に基づき，従来の「全体的理解の方法」について概観してきた。次にこれらを踏まえ，より全体的理解を可能とする人間科学的方法論の体系化を進める。

（1）理論的フラクタル化

[共通項論の発展可能性]　春木（1988）は人間科学の最大の難問として，「それ自体膨大な情報量をもつ諸科学を人間理解のためとしてすべて理解することは不可能である」ことを挙げ，それに対する1つの考え方として，「人間理解のための『かんどころを押さえる』ということ」を挙げている。すなわち，「諸科学の知識の中から，人間理解にとって本質的なことがらを取捨選択」し，「学問の本質を抽出」すればよいということである。ノーベル生理学・医学賞学者でもあり，単独で人間科学を押し進めたカレル（Carrel, 1935/1994）は，「大発見は明らかに知能だけの産物ではない」とし，科学に果たすインスピレーションの力を強調している。このような人間特有の直観を働かせて「かんどころを押さえる」のは全体的理解のために極めて重要なことだと思われる。

しかしながら，人間科学である限り，直観的に押さえたかんどころを「論理的に」提示する必要があるだろう。この意味で，共通項論は「かんどころを押さえる」作業を論理的に進める際に有効な方法と考えられる。したがって，これを基軸に人間科学の方法の確立へ向け，さらなる理論化を進める。

上述の春木や根ヶ山の行なったことは，＜人間の統一的・包括的理解につながる「意味」を，理論的に対象やテーマに凝縮する試み＞ということができよう。こうして理論的に構築された「部分」はいわば「全体」が凝縮された可能性を持つ『部分』となる。これはいわば「部分が全体を表わす指標」となる「フラクタル性」を理論的に高めているということができるかもしれない。この「全体」の「部分」への凝縮作業により，部分が全体を表わしうるように，つ

まりフラクタル性をもちうるように理論的に対象やテーマを構築することから，上記の＜方法＞を現象の「理論的フラクタル化」と呼ぶこととする。

次に，人間科学的方法論の確立に向けてさらなる理論化を進めていく。

（2）両極包括的視点の重層化

[**全体**」再考］　これまで「全体的理解」の方法が確立されてこなかった理由の1つとして，「全体とは何か」を問わずして，全体的理解の方法を考えようとしてきたことが挙げられる。全体とは何かが不明確であれば，その理解の方法を確立することは困難であろう。特に，「全体」とはもとより捉えどころのない茫漠たる概念であるから，問題が先に進まなかったのは当然ともいえる。

したがって，以下「全体」の1つの具体的な捉え方の提示を試みる。そして，全体とは何かを考えるために，「部分」についても考える必要があろう。全体は部分の総和以上のものとはいえ，全体と部分は対義語として捉えることが可能だからだ。

ここでは「視点」を基軸に，新たな「部分と全体の関係」を提示してみたい。この視点とは，人間的事象から構造を抽出する際の切り口のことである。そして，その視点は，「A－B」という両極を有することが多い。それは現象を捉える際に「AかBか」という二者択一的問いが頻繁になされることにも現われている。たとえば，「部分か全体か」「一般性か多様性か」「スタティックかダイナミックか」といったように，現象やテーマの性質によって多様な二者択一的図式がみられるといえよう。

ここで提起したい重要なポイントは，この一方の極を「部分」として捉えるということにある。したがって，それに対して視点の両極を包括するものが「全体」ということになる。★4　それでは何を基準として「全体」を扱ったということができるかといえば，その比較対象は先行研究の「視点」ということになる。たとえば，先行研究で一般性しか追求していなかったとしたら（仮にこれを段階1とする），多様性を追求する研究は，『「先行研究（一般性）」＋「当該の研究（多様性）」』といったように，メタレベルでは視点の全体化に貢献していることがわかるだろう（これを段階2とする）。たとえば，母子の親和的・求心的側面に偏重している母子関係研究において，「子別れ」という遠心的視点を

提起した試み（根ヶ山，1995）はそれに該当する。また春木（2002）の提唱する身体心理学も「情報」の時代へと偏重する心理学においてバランスを取り戻すという意味で，上記の意味での全体性を志向したものといえよう。

そして，「一般性－多様性」の両極を包括する研究は，それ単独で全体的な視点から現象を捉えたものということが可能となる（これを段階3とする）。このように，ある視点の両極を包括することにより，対象の全体的理解をする方法を「両極包括化」と呼んでおこう。これは端的にいえば，「A or B」ではなく「A and B」という観点である。

そして，さらに「両極包括化」された視点を重層化させることにより，人間的事象の全体的理解を押し進めることが可能になると思われる。これはたとえば，「一般性－多様性」という視点に加え，「全体－部分」「静的－動的」「個人－集団」「質－量」という両極包括的視点を重ねることを指し，これを「両極包括的視点の重層化」と呼んでおこう。

こうした主張に対して「両方扱えるならば，扱った方がよいのは当然のことだ」と批判がなされることは容易に想像できる。しかし，これはいわれてみて初めてあたりまえだということができる類のことなのである。

なぜなら，人間の認識は「分ける」という原理を基本としていることから，「両方」という視点は分けた後の段階に出てくるという意味で，より高次の知的作業となるからだ。菅村（2003）は，構成主義の立場から，その基本的主題として，「行為者は自らの経験を能動的に秩序づけることによって世界を組織化するという見方があるが，このとき重要な位置を占めるのがコントラスト（対照性）による秩序の生成である」ことを提示し，「脳神経系分野の研究成果や人間の知覚や思考に関する数多くの研究が示すように，われわれの意識は，その大部分において何らかの形での分類的なコントラストに基づいている（Mahoney, 1985）」と論じている。

また，名前をつけるという行為は，世界を分節するということでもある。そしてわれわれが生きている限り，そしてコトバを用いて学問をする限りにおいて言語の分節的機能の束縛から逃れることは，原理的に不可能である。また，分析というコトバに「分ける」ということが含まれていることからも，科学が細分化によって進展してきたのは必然的なことであり，逆にいえば，科学的営

為において細分化は不可避であることがわかる。

　繰り返すが，人間はコントラストによる秩序生成に基づいているため，それに付随するようにその思考パターンは，二者択一的になる傾向があるのである。したがって，二者択一的思考パターンは人間の認識のあり方に関わってくる本能的な思考パターンということができる。また，二者択一の基軸となる各極は，対立的に捉えられることが多い。したがって，「両極包括的視点の重層化」とは，いわば本能に逆らう高度に理性化されたアプローチでもあり，それは明確に概念化され，思考装置として使用することによって初めて実現可能となるのである。

　むろん，「両極包括的視点の重層化」の有効性を認めたとしても，その実現こそ困難な道ではないかという指摘はありうるだろう。この指摘は妥当なものである。むろんたとえば，多様性と一般性を同時に追究するにも新たな概念，枠組み，方法が必要となる。

　しかし，ひとたびそうした視点を定めれば，そのような枠組みは現在も散見されることに気付くことができる。たとえば，鯨岡（1998）は，「両義性の発達心理学」アプローチを提唱，実践している。また，生態心理学（Gibson, 1966, 1979 ; Reed, 1996）も，継続する環境－有機体システムとして行為を捉えることにより，能動と受動，制御と非制御といった二項対立図式の超克が可能な枠組みといえる。

　さらにヴァレラ，トンプソン，ロッシュ（Varela, Thompson, & Rosch, 1991／2001）の提唱するエナクティブ・アプローチとは，知覚者の位置（内側）に立つ視点からの記述（もしくはモデル化）と，外部観察者の位置から記述される世界の客観的側面とを互いに相互特定化していくアプローチであり，両極包括的アプローチといえるだろう。

　また概念として挙げるならば，「自己組織化」は，個々のやりとりの結果，なかば必然的に特定の構造に収斂していくことを指すものであり，個々の相互作用に含まれる「偶然性」と収斂するという「必然性」の両極を包括する概念ということもできる。

　本書の研究で採用する枠組みについては後述することとし，次に「全体的理解の方法」の確立へ向けた第三段階の枠組みについて議論を進める。

（3）構造化
　ここまで（1）対象の「理論的フラクタル化」をした上で，（2）「両極包括的視点の重層化」をする第二段階まで理論化を進めてきた。第三段階は，両極包括的視点を基軸として現象を構造化するというものである。ここでいう＜構造＞とは，＜『2つ以上の同一性（要素）と同一性（要素）をつなぐ関係性』と『同一性それ自体』の総体＞を示す。この場合，要素は入れ替え可能である。すなわち，現象を構造化するということは，要素に分析しつつも対象とした現象をそのシステムレベルで扱えることを意味する。これは要素に還元していく方法とは異なり，全体性を確保しつつ人間的事象を理解することを可能とするものである。

[認識論的基盤：構造構成主義]　　ここでは認識論として，「構造構成主義」（Structural constructivism）を採用する。その詳細は，諸文献（西條，2002b，2003a，2003c，2004予定）に譲り，ここでは中核となる概念に焦点化しその要諦を提示することとする。

[超認識論：構造主義科学論の援用]　　筆者は，構造主義科学論（池田，1990）を，通常の認識論の一段上位に位置づけることにより，超認識論という認識次元を整備した。これにより客観主義，社会構築主義といった通常認識の根底とされてきた認識論は，それらが相容れないものであっても，並列的に扱うことが理論的に可能となる。なお，構造主義科学論とは池田清彦（1990）が構築した科学論である。それは外部実在を仮定することなく，科学的営為を可能とすることを理論的に担保した科学論ということができる。ここでは，現象，私，コトバ（同一性）といった疑うことができない必要最低限の条件により，科学的営為を保証した点に特長がある。また，現象をより上手にコード化する構造を追究することによって，科学は進歩するとされる。

[関心相関性]　　これは竹田青嗣（1994，1995）がニーチェの「力への意志」の要諦を摑み，再定式化したものであり，存在や意味，価値といったものが主体の身体，欲望，関心，目的に応じて（相関的に）立ち現われるという存在論的な原理を示す概念である。たとえば，通常はたんなる水たまりとしてしか意味をもたないものも，死にそうなほど喉が渇いていたら「飲み物」としての価値が存在論的に立ち現われるだろう。この関心相関的観点により，研究の価値も，

研究者の身体や目的や関心（問い）に応じて立ち現われる側面があることを明確に認識可能となる。

[公理]　ここでいう公理とは，当該の学問領域での，知見の妥当性を吟味するための最低限の基準，あるいは方向性を示す基準となるものである。コトバは了解可能性をもつが，それと同時に曖昧な部分も合わせもつため，相互了解を高め，建設的議論を可能とするためには，最低限の公理（方向性）が必要となるのである。構造構成主義の公理とは，構造主義科学論と関心相関性に基づく認識論的多元主義の性質により，「目的に応じた認識論（方法論）を多元的に駆使し，現象をよりうまくコードする構造を追求していく，という要請」ということになる。

[認識論的多元主義・方法論的多元主義]　構造構成主義では，構造主義科学論の公理としての機能と，超認識論と関心相関性という概念装置により，相対主義は回避可能となる。すなわち，こうした構造を有するがゆえに，相対主義を回避しつつ，柔軟性を備えた認識論的多元主義，方法論的多元主義が可能となるのである。

このように構造構成主義とは構造主義科学論といった頑健な科学論を，客観主義，構造主義，社会構築主義といった相容れない認識論の一段上位に超認識論として位置づけることによって人間科学を包括する認識論的基盤として創られたものである（西條，2002b）。その機能は，方法論的多元主義を理論的に整合性のあるものとし，現象の「構造」を基軸とすることで，質的研究においても再現可能性，予測可能性，反証可能性，一般化可能性といった広義の科学性を担保することが可能となる（西條，2003a）。

[構造主義との差異化]　「構造構成」とあるように，構造構成主義における構造とはあらゆる意味において，構成されるものである。これは構造を現象と無関係に恣意的に構成してよいという話ではない。そうではなく，いかなる構造も人間が構成している以上，その純粋なる客観性を保証することはできず，そこには恣意性が混入しているという事実を受け入れた上で，より上手に現象をコード化する構造を追究しようというものなのである。

渡邊（1994）は，レヴィ＝ストロースの構造主義がリクール（Ricoeur）をはじめとする，ポスト構造主義に批判された論点は，「『無意識的』な，『客観

的』な,『観察者から独立』した構造の確認に終始するのであり,構造が主体的解釈と媒介される場面を知らない」といった「主体性の欠如」にあることを批判した。しかし,構造構成主義は,構造構成主義は主体が構造を構成するという意味でダイナミックな前提に依拠していることから,それらの批判は該当しない理論的頑健性をもっているのである。

人間科学的研究法の提示

　以上の＜『対象の理論的フラクタル化』→『両極包括的視点の重層化』→『構造化』＞といった3段構造からなる方法が,人間的事象の全体的理解を可能とする人間科学的研究法ということになる。したがって,この人間科学的研究法の定義は,＜人間の統一的・包括的理解につながる「意味」を理論的に対象やテーマに凝縮した上で,重層化された両極包括的視点から当該の対象を構造化すること＞ということになる。

抱きへの人間科学的研究法の適用

　以上,人間科学的研究法の大枠が提起されたわけだが,これを本書の研究が対象とする母子間の抱きに適用するためには,その現象の性質に応じて適切な枠組みを選択していく必要がある。したがって次に,体系化された枠組みに基づき,母子間の抱きを全体的に理解するための議論を進める。

理論的フラクタル化

　まず,『理論的フラクタル化』についてであるが,これは本書・序の冒頭で,「発達の初期において,最も基礎となる2者関係は多くの場合母親との関係である。発達初期の母子関係において,授乳,あやし,運搬,コミュニケーションといった行為はしばしば『抱き』を介して実行される。したがって,抱きは母子という基本的2者関係において,さまざまな行動を媒介する重要なシステムといえる」と述べた箇所がそれに該当する。この作業により,「抱き」という一行為(部分)は,母子関係全体を理解しうるという意味で,「全体を表わしうる部分」として位置付けることができたことになる。これは「抱き」を検

討することにより得られた知見が，母子関係全般に示唆を与えうることを理論的に担保したことを意味する。

両極包括的視点の重層化

　先に提起された人間科学的方法論自体1つの構造であり，要素は入れ替え可能である。特に，「両極包括的視点の重層化」を行うためには現象に応じて適切な枠組みを適用する必要がある。

　まず，母子間の抱きを理解する際に，発達的視点は極めて重要となることを押さえておく必要がある。なぜなら，発達初期の母子関係は短期間に質的に大きく変化していくからである。またこうした発達的視点は，「連続体としての人間が，その全体としての様相を年齢とともにどのように展開してゆくのかを知ることが人間を正しく理解してゆく上で重要」（春木，1988）との主張と符号するものでもある。したがって次に母子間の抱きの全体的理解へ向けて，従来の発達研究法を再考しつつ，両極包括的視点から有効性の高い枠組みを抽出する。

発達研究法再考

　従来の発達研究では横断研究が主に用いられ，その状況は今でもほとんど変化がない。こうした現在の発達研究について，根本的な問題を2つ指摘する必要がある。その第一は，横断研究が抱えている根本的問題がほとんど認識されていないことであり，第二の問題は，横断研究の問題点を認識した場合であっても，縦断データを活かした方法論が開発されていないため代替手段が実質上なくなってしまうということである。

　そこで次に，横断研究の利点と限界を明確にし，その上で，縦断研究の意義と，発達を変化として捉えるという意味で本来あるべき縦断研究法のあり方について，理論的・方法論的枠組の提示を行なう。

発達研究の主流であった横断的研究

　横断研究は，比較的短時間に多量のデータを収集することが可能なため，主

に以下の3点において有効と考えられる。

　第一に，乳児期から老年期までといった発達の幅広い側面を扱う場合である。第二に，発達の大まかな傾向を摑む際に有効に機能する場合がある。第三に発達の急激なあるいは質的な変化が起きる時期を特定し，その後縦断研究によってその変化点に焦点化して検討するための予備的研究として有効である。また，ヒトとそれ以外の種・文明差・世代差といった異なる集団間の比較といった側面から，発達をみる視点も発達研究における1つのあり方である。

横断研究の問題点

　しかしながら，発達研究の主流である横断研究には致命的な問題が残されている。永野（2001）によれば，発達心理学の知見は「年齢に応じてこのように行動が変わってくる，できることが変化すると言うだけで，『なぜ，そのように変わるのか』という問いには応えない」と指摘し，「『発達とは何か』とか『どうして年齢によって行動が変わるのか』という問いに答えることは避けるのが最近の発達心理学の傾向」であると論じている。

［非線形性打ち消し効果］　図1-1に示したように発達現象の多くは段階的・質的に移行したり，急激に発達したり，時には退行したりといった非線形的な様相を示し，平均値に基づく横断データではこのような個々の多様な発達軌跡は捉えられない（永野，2001；Smith & Thelen, 1993；Thelen & Smith, 1994, 1998；氏家，1996）。そもそも心理領域全般で頻用されている一般線形モデルにおける分散分析は，一面に植えられた農作物の収穫量を調査するために発展してきたものであり（岩本・川俣，1990），個体差は「誤差」として処理される。

　この起源は少なくとも統計学を社会現象に応用したアドルフ・ケトレ（Adolf Quetelet, 1796-1874）にまで遡ることができよう。永野（2001）によれば，ケトレは，人間は多様であるが，多くの測定値をとると，社会の自然法則を示す「型」がどういうものかわかるとし，「平均人」という概念を提起した。「人間のいろいろな属性の平均をすべて兼ね備えた人間は『平均人』であって，誤差を含まず，人間の「原型」であると考えて理想化した」（永野，2001）のである。

[多様性を誤差とする] しかし,個々の多様性は「ずれ」や「誤差」ではなく,それこそが現象そのもののはずである。逆に平均値化した軌跡通りに発達する人は,誰一人いないことはざらである。たとえば,乳幼児達のなんらかの学習が段階的に達成されたとする。その際多数の乳幼児を対象として,各達成月齢で平均値化すると,なだらかな曲線を描き徐々に達成されることになってしまう。あるいは,ヒトの身長の発達を平均値で描いた場合,なだらかな曲線を描くであろうが,実際には,急に身長が伸びる時期や,その伸びが急に止まる時期があり,それは縦断データでなければ捉えることはできない(永野,2001)。

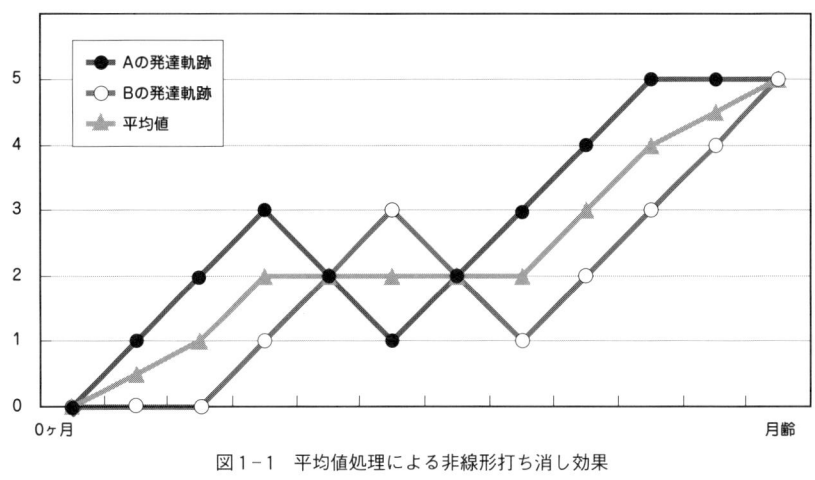

図1-1 平均値処理による非線形打ち消し効果

図1-1は平均値化することにより発達の非線形性が打ち消されてしまう「非線形打ち消し効果」を示したものである。AとBはそれぞれ一時期減少する退行現象がみられる。そしてその後再び増加するといった非線形の様相を呈しているが,双方における変化の時期がズレているため平均値化すると退行現象は打ち消されてしまうことがわかる。あくまでも発達するのは集団ではなく,個人なのである(氏家,1996)。

なお,永野(2001)は,1人ひとりの子どもの違いや育ちの違いを無視して,「人」という種の研究をしているという信条をもつと,ものの見方が偏り,とんでもない大きな間違いをしてしまうと指摘し,その具体例としてピアジェの

発達段階説を挙げている。そこでは，ピアジェは，はじめから乳幼児は無能なはずだと思い込んでおり，青年期になると論理的思考力がめだって発達すると信じており，その認知発達段階は今でも多くの教科書に載っているが，1980年代から信頼されなくなったことが論じられている。

[因果関係の誤解]　平均データでは，発達上のある行動の発現に強い影響を与えている要因を特定することはできない（Smith & Thelen, 1993；Thelen & Smith, 1994, 1998；氏家, 1996）。簡略化してその構造を説明すると，たとえば3名の乳児（a・b・c）の平均的発達からは，要因Aが2.9カ月に発現し，その直後の3カ月に行動Bが発現していると示されたとする。これはいかにもAがBの発現に強く影響しているように見える（図1-2）。

しかし，それぞれを縦断的にみてみると，要因Aは，a 2.9カ月，b 2.8カ月，c 3カ月に発現しており，行動Bはa 2カ月，b 2カ月，c 5カ月に発現しているといったように，実質何の関連もないことはいくらでもありうる。多標本の横断的調査では平均値に依るところが大きいため，誤った発達像を提示する危険性は高いといえよう。

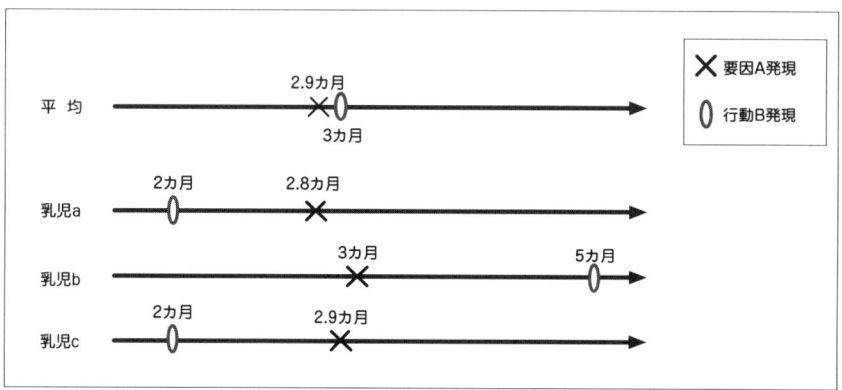

図1-2　平均値処理による因果関係誤解効果

横断的研究全盛の背景

なぜ長年にわたり，そして現在でも横断的研究が発達研究の主流であり続けてきたのだろうか。もちろん，縦断研究は，横断研究と比較して膨大な時間と

労力を要するという制約はあるが，それのみでは比較的短期間でデータ収集が可能な乳幼児研究領域においても横断的研究がメインであったことが説明ができない。

　永野（2001）はこの点で示唆に富む言及をしているので，以下それを紹介しておく。彼は「『発達』を意味する英語，フランス語，ドイツ語のいずれも『内側に包まれていたものが開く』という意味を表わす言葉」であることを踏まえ，一般に「発達」というと「自然におこなわれる展開」を意味してきたことを指摘する。そうした観点から人間を考えると，「這えば立つ，立てば歩む」という自然の変化が，植物の成長と同じように，出現の順序が一定していて，しかも普通は時期も決められていると信じることになり，この過程を心理学では「成熟（maturation）」と呼んでいる。「個人の本性を重んじると，外からの影響を受けずに，個人の内部にあるプログラムによって変化していくという見方に傾くことになる」のである。こうした前提に立った場合，必然的に個々の多様な発達は誤差として処理されることがわかるだろう。横断的研究によって，どの時期にどのような行動ができるようになっているかを把握さえすれば，あとはそれが「生物学的にプログラムされた神経成熟によるものだ」ということですんでしまうのである。

縦断研究における方法論の欠如

　当然のことであるが，「発達」とは時間の経過に伴う「過程」を含む概念である。したがって，本来ならば発達研究は個体の発達過程について，縦断的な研究によって究明していく必要があるはずである。

　「それでは縦断研究を計画し，データをとればよい」ということになるが，事態はそれほど簡単ではない。これまで横断研究が主流であったのは，発達観の問題だけではないと考えられる。

　最大のネックは方法論の欠如とさえいえるのである。縦断データは通常の横断研究と異なり，そのデータのまとめ方，分析法，統計手法等に独自の方法を用いなければならない。しかし，そのような方法は整備・体系化されておらず，縦断研究は職人芸的に行なわれてきたというのが現状であろう。そのため，縦断研究を行なっている少なくない研究者が（特に初めて縦断研究を行なうもの

であれば），縦断データを取ってはみたものの，縦断データの特長を活かしつつデータをまとめ，分析する方法がわからないというのが現状のようである（西條，2001）。言い換えれば，縦断研究はデータ収集する際のコスト（時間・労力・費用）が大きいわりに，それに適した方法論が貧弱なため，縦断研究独自の有益な結果がえられにくい現状だといえる。

具体的に，従来最も望ましいと思われてきた多標本に基づく縦断研究（以下，「多標本縦断研究」とする）の問題点を指摘することによって，縦断研究法の現状を把握する。

多標本縦断研究の問題点

西條と清水（2003）は，開始時1360名（最終的に615名）を対象に11年追跡調査した研究（菅原ら，1999）を検討することで，多標本縦断研究の問題点を浮き彫りにした。以下，そこでの議論を踏まえつつ，従来の縦断研究の問題点を明らかにするために，相関研究とパス図を基軸とした集団データから，発達プロセスを解明することの限界に焦点化して論じていく。

[相関研究の限界]　相関を基軸とする縦断研究はみられるが，特に多標本縦断研究の多くはこの相関研究であることが多い。しかし，相関を解釈する際に，重要な情報は効果の大きさであって，無相関検定による有意性だけではないことに注意しなくてはならない。たとえば，相関係数0.26は単回帰分析を想定するならば，全分散の6.76％を説明するものでしかないのである（93.24％は説明されない）。しかしながら，菅原らの論文（1999）のように，実際は効果の大きさのいかんに関わらず有意であることにより関連性が大きいかのように考察されることも少なくない（西條・清水，2003）。またそもそも，相関に依拠する限り，必然的にそこで表現される「発達」とは，「変化」ではなく，「安定性」にならざるを得ないのである。

[パス図による発達メカニズム解明の問題点]　一方で，パス図を用いることにより，発達プロセスを解明する方法は極めて有効のように思われる。しかし実際には誤って用いられることも多く，先述した菅原らの論文（1999）は，近接した時期の同じ質問項目の関連性を示す決定係数をして，対象とする発達プロセスモデル全体の予測力であるかのように提示している。たとえば縦断的な観測時点

を，1年，数ヶ月，1週間，1日おきといったように，より短い間隔でとった場合，時点間が接近すればするほど，必然的に隣接する時点間の同じ質問項目の関連性は高まっていく。それをして，問題行動の発達プロセスモデル全体の予測力であるかのように提示しても，それが過ちであることは明らかだろう。

［集団と個人の構造の混同］　以上の技術的問題に加えて，パス図による発達プロセスの解明には，より原理的な問題が潜んでいる。パス解析などに代表される集団の相関分析の問題点は，従来の慣例であるという理由から，公の場で指摘されることはほとんどなかった。しかし，結論から述べるならば，集団の構造（相関）から個々人の構造（発達プロセス）について考察することは，1事例から得られた構造から母集団（人間全般）について考察することと同様に，原理的には不可能なのである。その理由を考えてみよう。

先述したように集団データに依拠する方法論は目的によっては有効に機能するのは確かであり，また，そのような要因の効果の一般性から発達を語ることは可能である。しかし，「発達するのは個人であって，個人が属する集団ではない」（氏家，1996）ことを繰り返し確認しておく必要がある。そのため，「発達プロセス」を明らかにしようとする場合において，この伝統的方法には厳然とした限界があるといわなくてはならない。

加えて，集団における相関係数は個人内の共変関係と必ずしも類似したものとはならないため，前者の関係から後者の関係を推測したり，また逆に後者の関係から前者の関係を推測したり，あるいは完全に同一視したりしてはならない（南風原・小松，1999）。この指摘は，発達心理学会の学会賞を取った菅原らの研究（1999）にすら該当するのである（西條・清水，2003）。

したがって，集団のデータによって提示されているパス図のような発達モデルは，基本的に集団における変数間の関連性を示したに過ぎず，個々人の発達プロセスではないことに注意しなくてはならない。繰り返すと，これは原理的な問題なのであり，集団データのみに基づく限り，それがどれほど高度な統計法によるものであっても，その限界に変わりはないのである。

発達現象の多くは段階的・質的に移行したり，急激に発達したり，時には退行したりといった非線形的な様相を示し，集団の相関や平均値に基づくデータでは（たとえ縦断的にとったものであろうとも）このような個々の多様な発達

プロセスは捉えられない。発達の線形性・一様性を暗黙裡に仮定していた伝統的多標本縦断研究は，個々の多様な（変化としての）発達のプロセスに対しては，極めて貧弱な能力しか発揮できず，それは標本数の増加によって解決されるものではないのである。

縦断研究の特長

　縦断研究の特長とは，第一に，個々の発達の軌跡・プロセスを描ける点にある。個人差を理論的に説明可能であるのは，個々の多様な発達軌跡の記述から派生する利点といえる。また，同一の個体を追跡することから，発達における因果関係を論じることが可能であることも縦断データの特長といえる。

　それでは縦断データの特長を活かす理論的枠組みは存在するのであろうか。ここでは先述した「両極包括的視点の重層化」の視点から，発達研究において可能な限り多くの視点において両極を包括するような枠組みを求める必要がある。それは結果として人間科学的研究法という構造の要素が入れ替わった「人間科学的発達研究」といえるものになるであろう。

人間科学的発達研究法の理論化

部分と全体：システム論の有効性

　まず「部分と全体」という両極を包括する際に，システム論的観点が有効だと考えられる。たとえば，母子を理解しようとしたときに，「部分」は「母親」であり，子どもと考えることができる。それに対して「全体」とは「母子」であり，さらに拡張すれば，「環境における母子」ということになるであろう。これはシステム論的な考え方と符合する方法であり，「少なくとも人間科学に対するアプローチの仕方の最も代表的なものの一つが，システム論的アプローチといえよう」（野嶋，1997）といわれるように，人間の全体的理解の1つの具体的枠組みとして挙げられる。

　しかし，現在，システム理論は，第一世代の一般システム理論から，複雑系を背景とした第二世代の自己組織化，第三世代のオートポイエーシスなど新たな展開をみせており（河本，2000），システム論といっても一枚岩ではない。

また実際の研究に適用するためには，より具体的な方法論を備えた枠組みである必要がある。その意味で有効な枠組みとして，ダイナミック・システムズ・アプローチを挙げることができるだろう。次にその理論について概説していく。

ダイナミック・システムズ・アプローチ

　ダイナミック・システムズ・アプローチ（Smith & Thelen, 1993；Thelen & Smith, 1994, 1998）は複雑系の科学を背景とし台頭してきた最新の発達理論である（以下，ＤＳＡと表記する）。ＤＳＡの基本原理・方法論について，以下に，テーレンとスミス（Thelen & Smith, 1998）の説明に基づき説明する。なお，ここではＤＳＡの概説にとどめ，その手続きの詳細は研究2において説明することとする。

　この理論では，「リアルタイムの行為」が特定の課題や環境の中の構成要素がまとまった結果現われるのとまったく同様に，「発達における新たな運動形態」も与えられた資源による相互作用の結果現われるとされる。システムの変化は「集合変数」と呼ばれるシステムの状態や発達的変化を捉える際に，妥当と思われる変数によって測定される。その際集合変数の変化を起こす可能性をもつ下位システム（構成要素）のことを「コントロール・パラメータ」と呼ぶ。そこではいかなる構成要素も，単独で発達的な変化を決定する原因にはなりえない。なぜならシステムが何を生み出すかを決定するのは，すべての構成要素やコンテクストだからである。したがってこの発達モデルにおいてコントロール・パラメータは多数存在することになる（図1-3）。

　ＤＳＡは難解な理論と思われがちであるが，その理論的枠組みの本質を一言でいうならば，①非線形的現象として発達を捉える，ということに尽きる。発達の非線形性を前提とするため，②個々人の多様な発達軌跡を前提とする，ことになる。したがって，必然的に従来の発達研究のように個々の発達軌跡を足し合わせたりせず，③個々の発達軌跡（変化）を単位にする，ことになる。なぜなら，個々の発達軌跡を足し合わせてしまえば，先述した「非線形打ち消し効果」が起こってしまうからだ。さらに，④その変化がどのようなメカニズムで起こるのかを検討する，という手続きになるわけである。複雑系を背景とし

てDSAが台頭してきたとはいえ，実際の発達研究へ適用する際の方法論の中核は，個々の時系列的な発達軌跡に基づき発達現象にアプローチし，個々の変化点を特定し，その変化に強い影響を与えているコントロール・パラメータを特定するというものである。

なお，この理論は発達領域に焦点化され体系化されたものではあるが，発達的観点は，人間的事象を時間軸から全体として捉えるためには不可欠なものである（春木，1988）ことから，DSAはシステム論的観点に加え，時間的観点から人間全体を構造化するという意味でも，人間科学的なアプローチといえる。

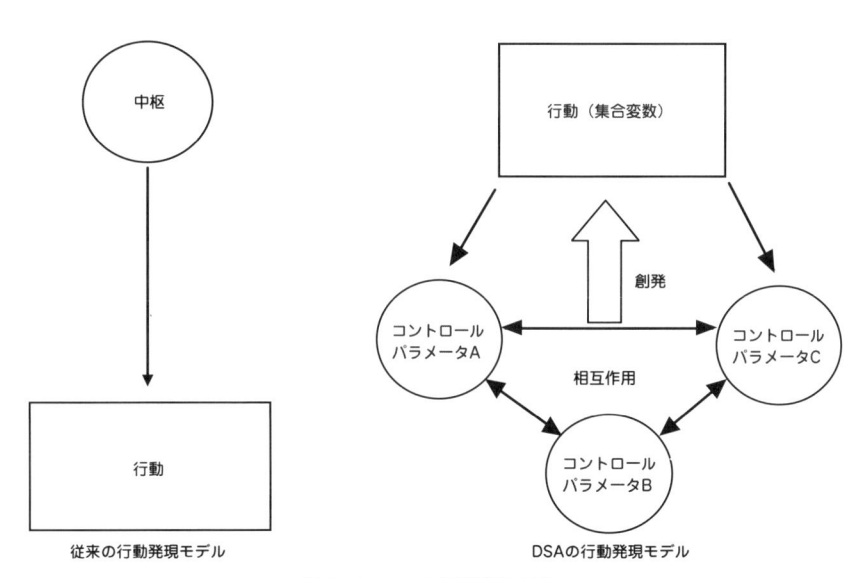

図1-3　2つの行動発現モデル

DSAの両極包括的視点の重層性

DSAは，生まれか育ちか，学習か成熟か，連続的か非連続的か，構造か過程か，記号的か前記号的かといった二元論によって悩み続けてきた発達領域へ，首尾一貫した理論を提供できるといわれている（Thelen & Smith, 1998）。つまり，ダイナミクスの枠組みや言語だけがこれらの二元論を消すことができ，発達するシステムがどのように機能するかに焦点化することができるというの

である。これからＤＳＡは重層的な両極包括的視点を内包する枠組みとして有効であることがわかるだろう。

量的アプローチと質的アプローチ

[ダイナミズムを記述するための方法論の整備]　しかし，ＤＳＡに問題がないわけではない。その問題点は，方法論と認識論の２側面に大別することができる。まずは前者の認識論的な問題点について説明していく。

以上のように，ＤＳＡはシステムとして現象を捉えダイナミックな視点から，発達の問題を組み立てる枠組みを提供するものだが，良いデータを収集し，記述的・実験的双方の方法を用いるといった，発達を理解する際に最も困難な部分の代わりとなるものではない（Thelen & Smith, 1998）。そのため現実的には多くの方法論上の問題がある。関連する変数を特定するためには，新しいツールが必要となり，それらを解釈するためには新しい分析やモデル化の方法が必要となるといわれている（Thelen & Smith, 1998）。

したがって，研究目的に合わせてさまざまな工夫をする必要がある（西條，2002a）。動的構造を記述するための具体的ツールとしては，西條（2001）が縦断研究法の体系化に向けて紹介した方法論が有効だろう。個々の「軌跡」や「変化点」を一単位として扱い，見い出された典型的なパターンごとに分類する等，縦断データの特長を活かしたままデータを圧縮し，その上で統計的な処理を行なうといった手続きをとる（瀬戸・秦野，1997；川野，2001）ため，ＤＳＡの枠組みに適した方法論となる。また，要因関係性の力動的把握に適している質的分析（山田，1986；やまだ，1997）も，システムの動的構造の記述に有効だと考えられる。

[認識論的問題]　しかし，ここで新たな問題が顕在化する。現在のＤＳＡの枠組みでは質的アプローチと数量的アプローチを併用することはできないのである。確かに，テーレンとスミス（Thelen & Smith, 1998）は，ＤＳＡとは，身体の運動や協調といった特定の現象のみを説明する理論ではなく，神経，生理レベル，個人や社会行動のレベルといったさまざまなレベルの発達現象に適用可能な，ダイナミズムを記述する「枠組み」や「言語」であると述べている。しかし，ＤＳＡの著書(Smith & Thelen, 1993；Thelen & Smith, 1994, 1998)

で紹介されている一連の研究をみればわかることだが，ＤＳＡは，精緻な実験・装置・分析・数理的処理を用いることにより，個人内の運動・行為を解明するといった非明示的制約が付随しているように思える。

　これはおそらくその認識論に起因する必然的な制約ということができよう。従来の要素還元的な発達観に異を唱えているとはいえ，認識論レベルでは，広義の客観主義の枠組みは脱却できてはいない。「複雑系の科学」においては，そのこと自体は問題ではないのだが，人間の曖昧な部分をも包括的に扱おうとする心理学的・人間科学的研究の場合には，その認識論は研究に無用な制約を課すことになってしまう。

　それはたとえば，ＤＳＡでは質的アプローチが用いられてこなかったことにも顕在化している。それはおそらく偶然ではなく，質的アプローチは客観主義的認識論を背景にしていないため，そもそも認識論的に不整合を起こしてしまうためだったと考えられる。しかし，人間的事象には測定自体が困難であり，あるいは測定した途端にその本質を取り逃してしまうような現象がある。人間を理解しようとした時に，数量化できない対象を扱うという意味においても，質的アプローチの有効性は疑いようがないといえよう。数量的アプローチの方が質的アプローチより科学的ということはないのである（Carrel, 1935/1994）。

　ここにＤＳＡの認識論的限界がある。したがって，ここではＤＳＡの理論的枠組みは保持しつつ，その認識論を人間科学に適したものに変更していく必要があろう。そしてこの点は構造構成主義を認識論とすることにより解消可能になるのである。なぜなら，先に触れたように構造構成主義とは，超認識論という認識次元が確立されていることから，方法論的多元論を可能とする枠組みであるからだ（西條，2003a, 2003c）。

［コストパフォーマンスの問題］　ＤＳＡの第三の問題点は，そのコスト・パフォーマンスにあるといえよう（これは一見形式的だが実質的には根本的な問題である）。なぜならＤＳＡを適用するためには，発達現象を「変化」として捉える必要があるため，密度の高い時系列データによって発達の非線形性を考慮することが必要となるからだ。したがって，必然的に観察頻度は高くなり，繰り返し測定・観察する必要が出る。その結果実際の発達研究においては，研究対象者に掛かる負担を考慮せねばならないため，検討可能な要因は限定しなければ

ならなくなる。

　これらのことから，ＤＳＡは従来の発達研究法の短所を補う利点もあるが，それと同時にコスト・パフォーマンスの低さから，多要因を検討できないという問題点があることがわかる。

各発達研究法の長所と短所のまとめ

　以上を踏まえ，各発達研究法の長所と短所をまとめる。横断研究は，多数要因の検討が容易であり，集団のおおまかな発達傾向を捉えられるといった長所があるが，個人の多様な発達過程やそのメカニズムを明らかにできないといった短所がある。従来型の相関を基軸とした多標本縦断研究は，特定集団の年齢間の相関関係を明らかにすることができるという長所があるが，個人の多様な発達過程やそのメカニズムを明らかにできない点では，横断研究と同様の限界がある。そしてＤＳＡは，これらの問題を超克可能であるが，検討要因が限られるという便宜的な問題がある。

表1-1　発達研究法の比較

	長　所	短　所
横断研究	発達概観の把握○ 集団の静的構造○ 多数の要因○	個人の発達過程× 発達の多様性× 発達機構×
従来型 多標本 縦断研究	相関関係○ 集団の動的構造○	個人の発達過程× 発達の多様性× 発達機構×
ＤＳＡによる 縦断研究	発達の非線形性○ 発達の多様性○ 個人の発達軌跡○ 発達機構○	多数要因×

構造構成的発達研究法

　通常いかなる理論，方法論といえども，万能なものはありえないという原理的な制約がある。こうした限界をどのように克服すればよいだろうか。先述したように構造構成主義では，関心相関性という概念がその中軸に据えられる。関心相関性とは，存在や意味，価値といったものは，主体の身体や欲望，関心

といったものから規定されるという原理である。

　構造構成主義を認識論とする「構造構成的発達研究法」とでも言うべきメタ理論的枠組みにおいては，この原理を基軸とすることで，目的に応じて適切な発達研究法が選択されることになる。たとえば縦断データをとった場合においても，その時の目的に応じて，横断的分析／縦断的分析が選択され，さらには，その分析手法も目的に応じて数量的／質的手法も選択されることになる。つまり，一貫して関心相関的観点から研究が構成されることになるのである。

　本書では，横断研究において，発達のおおまかな傾向を摑むことにより，多数要因を検討し，影響要因の絞り込みを行なう。それを踏まえた上で，DSAに基づく縦断研究によって，個々の発達過程に基づく詳細な検討を行なうことにより，発達メカニズムの解明を進めていく（図1-4）。このようにそれぞれの研究がもつ長所を組み合わせることにより，短所を補い合うことが可能となる。

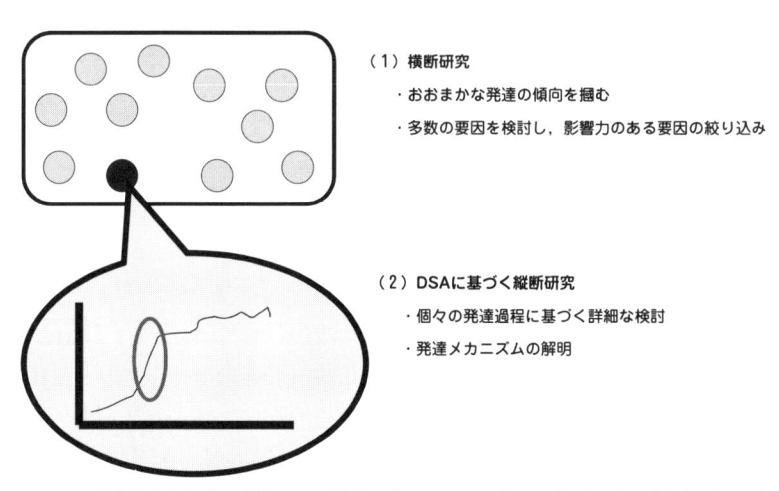

図1-4　構造構成的発達研究法による横断研究とDSAに基づく縦断研究の関心相関的選択

(1) 横断研究
・おおまかな発達の傾向を摑む
・多数の要因を検討し，影響力のある要因の絞り込み

(2) DSAに基づく縦断研究
・個々の発達過程に基づく詳細な検討
・発達メカニズムの解明

求心−遠心：母子関係を捉える両極

　次に母子間の抱きという関係性を捉える際に，より全体的に構造化するための両極包括的視点を提示していく。

　抱きの状態において，子どもは周囲の危険から護られており（Rheingold & Keene, 1965），さらに「抱きつき」「しがみつき」「よじのぼり」といった行動が愛着対象への接触を求める愛着行動の1つであるといわれていることからもわかるように，子は心理的にも保護されている。

　また，根ヶ山（1999, 2002）は，市川（1993）の提唱する身体と心とがオーバーラップしたものとしての「身」という概念に着目し，母子関係も，こういった身の重なり合いとして捉える重要性を指摘している。そして彼は，この身の重なり合いの中でなされることは，「間主観性」「相互性」「同時性」を特徴とした極めて「融合性」の強いものと考えられ，そのような身体を重視する視点は，「応答性」という垂直的コミュニケーションを重視するアタッチメント理論とは異なる「場の共有」や「行動の共振」といったものを基盤とした新たな関係論を提示できる可能性を示唆している。こういった視点を踏まえれば，抱きという行為は，まさに，身体と心がオーバーラップした母子の身の重なり合う行為であり，それに対する検討を重ねることにより，新たな母子関係像を提示できる可能性が考えられる。

　抱きに関連した研究においては，子どもを左右のどちらで抱くことが多いかといった問題に関する研究が多く見られ（Bruser, 1981；Bundy, 1979；Dagenbach, Harris, & Fitzgerald, 1988；Finger, 1975；Grusser, 1983；Harris & Fitzgerald, 1983, 1985；Lockard, Daley, & Gunderson, 1979；Manning & Cambelain, 1991；Rheingold & Keene, 1965；Richards & Finger, 1975；Saling & Cooke, 1984；Salk, 1960, 1973；Weiland & Sperber, 1970），また，親が子どもを抱き上げる場面に関するものもみられる（Lock, 1980）。概観すると，従来の抱きの研究は，抱きの成立・維持といった求心的側面に偏重していることがわかる。ヒトにおいて子が親に抱かれなくなっていく遠心的側面に関するものは，ラインゴールドとキーン（Rheingold & Keene, 1965）が，外

出時には3歳を過ぎると急激に抱かれなくなっていくと言及している程度であり，抱かれなくなっていく過程自体に焦点化した研究はほとんどみられない。

　子別れはたんに親子関係の希薄化ではなく，そこから描きうる母子関係像は，子育てから描かれる母子関係像と相補的関係にあり，両者を重ねることによって初めて母子関係の実像が立体的に見えてくるとして，母子関係を分離的側面から検討する必要性が指摘されている（根ヶ山，1995，1998，1999，2002，2003）。これは，母子の親和的・求心的側面へ偏重している従来の母子関係論に一石を投じた重要な指摘といえよう。

　先に述べたような，母子関係における抱きの重要性を踏まえた上で，抱きを分離的側面から捉えなおすと，子どもが母親に抱かれなくなっていく過程は，心身ともに母子が自立・分離していく重要な遠心的側面に他ならない。したがって，本研究ではその過程を「離抱（りほう）」と名づけ，心理学的に検討する。離抱過程を明らかにすることにより，母子間の抱きという行為を，より全体的・立体的に捉えることが可能となるであろう。それは抱きを人間科学的に研究することに他ならない。そして，離抱自体が母子関係における自立・分離過程の新たな切り口となる可能性が考えられる。

　また，金子（1996）によれば，ハッセンスタイン（Hassenstein）は従来のポルトマン（Portmann）の分類である就巣性と離巣性に加えて，第三の形態として母親に常に運ばれる種の哺乳類を'Tragling'と名づけた。金子（1996）はそれに対して「授抱性」という訳語を当てており，これによれば，人間の新生児を「養育者に抱かれて育てられる存在，と同時に養育者に働きかけて抱かせて育てさせる存在」として捉えられる。さらに，この授抱性という概念においては，将来の子離れと親離れを前提として，開かれた人間関係を視野に入れている（金子，1996）ことから，「離抱（性）」という概念は，「授抱（性）」の遠心的側面として位置づけることができるだろう。

　ところで，トリヴァース（Trivers, 1974）は，親の子育てにおける負担を，繁殖的視点から「親性投資」，すなわち親が他のわが子に投資すべき自分の能力を犠牲にして，当該の子の生存の機会を高めるものであると捉えた。そして，根ヶ山（1998）はそのような社会生物学的視点から霊長類研究を行う中で，離乳過程を検討することによって，行動的自立の理解へ向けた基本的な枠組みを

提示しうることを指摘した。

その一方で，根ヶ山は，ヒトの育児においては栄養資源に人工乳などの補助的手段が存在し，また固形物の摂取にも養育者の介助負担が必要とされること等から，ヒトの離乳と子の自立の問題を，栄養的資源の配分という点から考察することの限界も指摘している。そうした意味において，ヒトにおいて離乳は親性投資の軽減を直接意味するものとは言いにくい側面があるといえよう。

それに対して，子を抱くということは物理的に子の体重を支えるということであり，特に子を運ぶということは母親に相当な負担となる（根ヶ山，1999）。そして，その負荷は抱っこひもといった育児用具を用いたとしても，依然として大きい。この意味で，離抱は母親への身体的負荷の軽減に直結するといえることから，離抱とは親性投資軽減の過程ということも可能だろう。

さらに，授乳中の抱きには授乳形態の変化やそれに伴う離乳も深く関わっていると考えられることから，離抱は，離乳をも包括し，母子関係や子の自立の問題を基底的に枠づける可能性のある現象といえる。

以上のことから，本書の研究では「抱き」の成立・維持の求心的側面と，「離抱」といった遠心的側面を両極包括的にアプローチする。

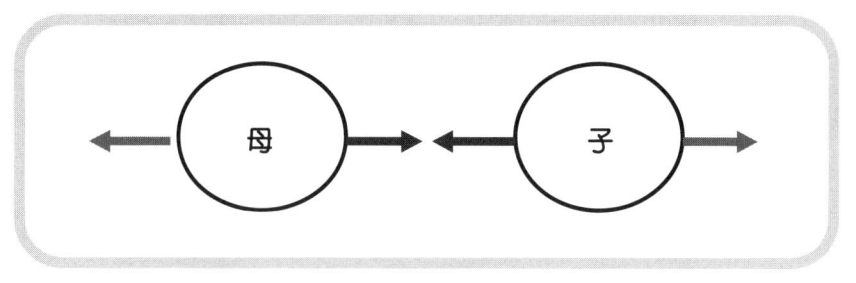

図 1-5 求心的側面と遠心的側面の両極包括的アプローチ
注）根ヶ山（2002）を参考にして作成

母子間の抱きの人間科学的研究に向けて

以上の議論を踏まえ，本書では，構造構成的発達研究法基軸として，求心-

遠心をはじめとした両極包括的視点を重層化させる人間科学的研究法によって，母子間の抱きを全体的な理解を試みる（表1-2）。次の2章では，こうした両極包括的観点から母子間の抱きの検討を重ねた人間科学的研究を行なう。[★5]

なお，「人間科学」を，網羅的，崇高的に捉えている人にとっては，4つの研究のみにて構成されるこの枠組みを「人間科学的研究」として容認することは困難であろうことは容易に想像できる。ここで確認しておかなければならな

表1-2　母子間の抱きの人間科学的研究

発達研究法 \ 母子関係	求心：抱き	遠心：離抱
横断研究	研究1	研究3
DSAに基づく縦断研究	研究2	研究4

いのは，「人間科学」に確立・普及した定義が存在しない現状において，各人が思い描く「人間科学」を基準に「それぐらいでは人間科学ではない」と批判しても，好き嫌いや趣味の話にしかならず，人間科学を進展させる建設的な議論にはならないということだ。

たとえば，「可能な限り多くの研究をすることが人間科学である」と考えている人からすれば，4つの研究から構成されるものを人間科学的研究として認めることはとうていできないであろう。代案を示さずに，「それぐらいで人間科学を標榜するのはおおげさである」といっていることは誰にでもできる容易な批判だが，こうした議論を続けている限りは，人間科学が発展することはないだろう。

今求められるのは，「人間科学」に茫漠たる期待を寄せることではなく，たとえ不完全であっても，人間科学を理論的に詰めて定義していくことによって，今後の発展の叩き台となりうる具体的な枠組みを提示することだと考える。

1章 注

★1 事実，哲学的解明に対して，観念論的だといった批判は後を断たない（たとえば，河野，2002）が，このような批判は，そもそも科学と哲学は問題としている次元が異なることを認識できていないことに起因するものと言わざるを得ない。ヴィットゲンシュタイン（Wittgenstein, 1977/1995）の，「建物を建てることは私の興味を惹かない。私に興味があるのは，考えうるさまざまな建物の基礎を透視することである。したがって，私の目的は科学者たちの目的と違ったものであり，私の思考の動きは科学者達の思考の動きとは異なっている」といった言及は，この事態を的確に表現しているといえよう。

★2 ちなみに，このパラドクスは「無限」や「有限」という抽象概念を「量的な表象」として実体的に扱うことによって作り出された仮象的な矛盾であり，この種の言語の謎は言葉が現実と厳密に一致するはずであるといった誤った前提に依拠しているのである（竹田，2001）。このように，問いの前提自体を問い直すことができるのが，哲学的営為の1つの意義といえよう。

★3 本書で用いられる「質的アプローチ」という用語については，西條論文（2003a）に提示されている共通点を援用し，確認しておく。第一に，「内的視点（emic perspective）」をもつということが挙げられる。それは「その環境の中で生きている内部者の視点をもつ」（Holloway & Wheeler, 1996/2000）ことであり，「研究される現象や出来事を内側から理解する」（Flick, 1995/2002）ことである。これと関連するが，第二に，「行為者により構成される現実」を扱うという点が挙げられる。これは，「質的研究で研究される現実とは所与の現実ではなくて，さまざまな『行為者 actor』によって構築された現実」（Flick, 1995/2002）という提言を受けたものである。

★4 むろん，それ以外の視点も含めたより上位の「全体」という捉え方もある。視点は原理的にはいくらでも増やすことができるためである。やや逆説的だが，それ故に妥当な論拠をもたずに，「より全体的な捉え方はある」というナイーブな批判は意味をなさないことがわかるだろう。

2章　抱きの人間科学的研究

　発達初期の母子関係において，授乳，あやし，運搬，コミュニケーションといった行為はしばしば「抱き」を介して実行されることからもわかるように，「抱き」は，さまざまな行動を媒介する重要な行為である。したがって，抱きを理解することによって，発達初期の新たな母子関係の一面を描き出すことができると考えられることから，2章では母子間の抱きの諸側面を人間科学的発達研究法により検討し，母子間の抱きという行為の基本的構造を明らかにすることを目的とする。

研究 1

母子の抱きにおける母親の抱き方と乳幼児の「抱かれ行動」に関する横断的研究
「姿勢」との関連を中心に

問題

　「抱き」は母子双方が関与する行為であるにもかかわらず，従来の「抱き」の研究は母親の抱き方のみに焦点化したものが多く，乳幼児の「抱き」の成立・維持に関する積極的役割について検討されたものはほとんどみられない（Bruser, 1981；Bundy, 1979；Finger, 1975；Grusser, 1983；Manning & Cambelain, 1991；Richards & Finger, 1975；Saling & Cooke, 1984；Salk, 1960, 1973；Weiland & Sperber, 1970）。したがって，乳幼児による「抱き」への積極的な関与の可能性を検討する必要があると考えられる。

　「抱き」に母子双方の関与を認めようとする際，両方の「姿勢」が非常に重要な要因となる可能性がある。なぜなら，母親が座っている状態，立っている状態，歩いている状態（以下それぞれ座位・立位・歩行とする）といった安定性等が異なる姿勢状態にある場合，母子が相互の身体を抱え，支えるといった「抱き」を成立・維持させる支持行動はその状況に対応して変化する可能性があるからである。また，リード（Reed, 1989）が子どもの姿勢を制御し保持する能力は行動発達の重要な指標となると述べているように，子どもの姿勢発達によっても母親の抱き方は異なってくる可能性がある。

　したがって，母子双方の「抱き」の成立・維持に関与する行動が，乳幼児の姿勢発達や母親の姿勢・行動の相違によってどのように異なるかを検討することは，「抱き」に関する新たな視点をもたらしてくれるものと考えられる。

　本研究では，「抱き」は母親が子どもを抱くといった一方向的な行為ではなく，母子が相互的に関与する行為である可能性を検討する。そのために母親の抱き方と乳幼児の「抱き」の成立・維持に積極的に関与する行動に焦点化し，それらの行動が乳幼児の姿勢発達段階や母親の座位・立位・歩行といった姿勢

状態の違いによってどのように異なるかを検討する。

方法

[対象・期間・場所]　生後8日から2年1ヵ月の乳幼児とその母親（29組）を対象にそれぞれ1回ずつ実験的観察を行なった。実験は1998年8月から12月にかけての午前9：30～午後3：00の間に乳幼児保育支援施設の1室，または母親の自宅の室内やその周辺（主に所沢市）で行なった。行動の記録にはビデオカメラ（ソニー VM-H200L）を用いた。なお，実験の開始に先立ち母親には研究について十分な説明を行ない，研究以外の目的に使用されることはけっしてないこと，研究結果は学会発表や学会誌に投稿するといった形で社会に広く還元されることなどを含むインフォームド・コンセントを得た。また各児の姿勢発達の到達レベル等に関しては，母親自身の筆記により情報を得た。

[実験の手続き]　最初に，母親に記入用紙を与え乳幼児の現段階における運動発達段階等を記入してもらった。その後，座位・立位・歩行でそれぞれ1分間ずつふだん通り抱いてもらった。その際に座位・立位・歩行の順序はランダムにした。その際，疲労を感じた時や中断したいと思った時には遠慮なく申し出るよう伝えてから撮影を開始した。撮影は撮影者が移動しつつ行ない，なるべく行動の死角をつくらないよう対象の母子1組のみが大きく画面に入るよう留意した。

[映像の分析]　「抱き」を構成する母子の行動に着目し，ビデオで撮影した映像を時系列に沿って分析した。本研究では，乳幼児が抱かれている状態を積極的に成立・維持させる行動を「抱かれ行動」と定義した。母親の座位・立位・歩行のそれぞれについてカテゴリー化した行動（表2-1-1）を1秒ごとにカウントし，全分析対象時間に対する生起率を求めた。なお，乳幼児の「抱かれ行動」は肉眼で観察が容易な手と脚の行動のみをカテゴライズした。また，母親の抱き方は「縦抱き・横抱き」と，多くの先行研究で検討されている「右抱き・正面抱き・左抱き」に限定し，カテゴライズした。記録された行動は，①乳幼児を抱いている時の母親の姿勢状態（座位・立位・歩行）による差，②乳

幼児の姿勢発達段階による差の2点から分析された。ここでは姿勢発達を母親による筆記の報告により5つの段階，すなわち未頸定段階（4組：平均月齢1.8カ月，SD 1.2カ月），頸定段階（6組：平均月齢4.0カ月，SD 0.6カ月），座り段階（5組：平均月齢8.6カ月，SD 2.3カ月），直立段階（5組：平均月齢13.4カ月，SD 4.2カ月），安定歩行段階（9組：平均月齢17.7カ月，SD 5.6カ月）に分類した。

なお，統計的検定としては分散分析とその下位検定としてフィッシャー(Fisher)の $PLSD$ 検定を行なった。またその際 StatView5.0を使用した。

表2-1-1　分析カテゴリー

乳幼児の「抱かれ行動」	手による支え行動	母親の身体や衣服の一部を摑んでいる行動。母親の胸に積極的に手を当てている状態も含む。
	脚による抱え込み行動	乳幼児の足が母親の身体を抱え込んでいる行動。片足だけが母親の胴体に絡み付いている行動も含む。
母親の抱き方	横抱き	乳幼児の身体を斜め，または水平に抱いている状態。
	縦抱き	乳幼児の身体をほぼ垂直に抱いている状態。
	左抱き	乳幼児の頭部が母親の身体の中心線よりも左側にある状態。
	正面抱き	乳幼児の頭部が母親の身体の中心線と重なっている状態。
	右抱き	乳幼児の頭部が母親の身体の中心線よりも右側にある状態。

結果

乳幼児の「抱かれ行動」

[乳幼児の姿勢発達と乳幼児の「抱かれ行動」]　第1に，乳幼児の「抱かれ行動」の生起率が，乳幼児の姿勢発達に伴いどのように変化していくかを検討した（図2-1-1）。

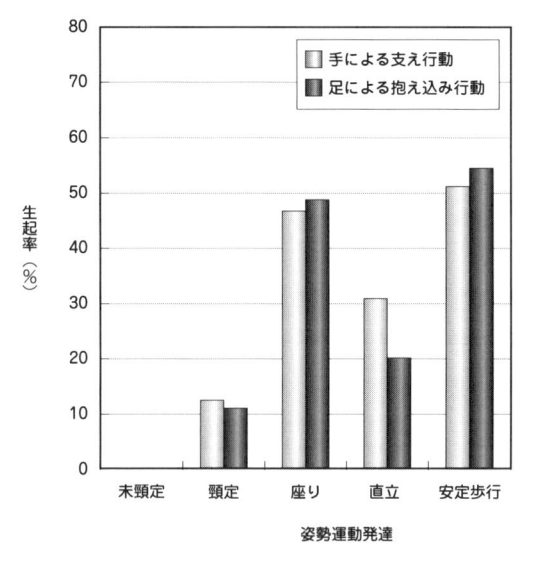

図2-1-1　各姿勢発達段階における抱かれ行動の生起率

　「手による支え行動」の生起率について，姿勢発達段階の1要因（未頸定・頸定・座り・這行・安定歩行）で分散分析を行なった。その結果，その差は有意であった（$F_{(4,24)}=6.510$, $p<.01$）。さらにこの結果に関してフィッシャーのPLSD検定を行なったところ，座りができない発達段階よりも，それが可能となった発達段階において「手による支え行動」の生起率が高いことがわかった（表2-1-2）。

　同様に「脚による抱え込み行動」の生起率について，姿勢発達段階の1要因で分散分析を行なった。その結果，そこには有意傾向があることがわかった（$F_{(4,24)}=2.593$, $p<.10$）。さらにこの結果に関してフィッシャーのPLSD検定を行なったところ，座る姿勢を維持できるようになった乳幼児は，それ以前の姿勢発達段階の乳幼児よりも「脚による抱え込み行動」の生起率が高い傾向があった（表2-1-2）。

表2-1-2 姿勢発達段階ごとの抱かれ行動の生起率に対してフィッシャーのPLSD検定を行なった結果

		頸定	座り	直立	安定歩行
手による支え行動	未頸定		**	*	**
	頸定		**		**
	座り				
	直立				
脚による抱え込み行動	未頸定		**	†	**
	頸定		**		**
	座り			†	
	直立				†

**：$p<.01$，*：$p<.05$，†$p<.10$

[母親の姿勢状態と乳幼児の「抱かれ行動」]　次に，抱いている際の母親の姿勢状態（座位・立位・歩行）によって，乳幼児の「抱かれ行動」の生起率がどのような変化を示すか検討した（図2-1-2）。

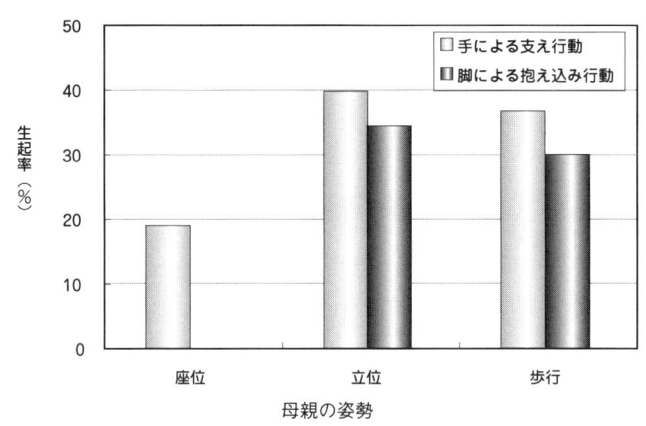

図2-1-2 母親の「抱かれ行動」の生起率

注）座位の「脚による抱え込み行動」は抱え込むことによって抱きへの積極的に関与するという「抱かれ行動」の意味をなさないために除外した。

「手による支え行動」の生起率について，母親の姿勢状態の1要因で分散分析を行なった。その結果，その差は有意であった（$F_{(2,56)}=6.577$, $p<.01$）。

さらにこの結果に関してフィッシャーの PLSD 検定を行った結果，座位と立位間，座位と歩行間に有意な差が認められた。したがって，「手による支え行動」は立位・歩行において座位よりも多く生起することがわかった。

また「脚による抱え込み行動」の生起率について，抱いている状態の1要因（座位・立位・歩行）で分散分析を行なった結果，有意ではなかった。したがって，母親が立位と歩行間における「脚による抱え込み行動」の生起率には，明白な差は認められなかった。

母親の抱き方

[乳幼児の姿勢発達と「横抱き・縦抱き」]　「横抱き・縦抱き」の生起率が乳幼児の姿勢発達に伴いどのように変化していくかを，「縦抱き」の生起率に焦点化して検討した。"「全抱きの生起率」−「縦抱きの生起率」＝「横抱きの生起率」"となるため，ここでは縦抱きの生起率のみを示した（図2−1−3）。

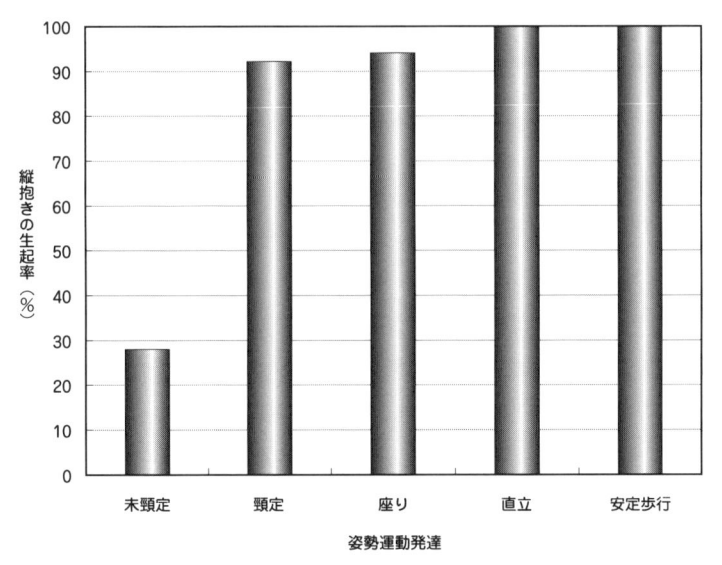

図2−1−3　姿勢発達段階ごとの縦抱きの生起率

縦抱きの生起率について，姿勢発達段階の1要因で分散分析を行った。その結果，その差は有意であった（$F_{(4, 24)}=11.606$, $p<.01$）。さらにこの結果に関

してフィッシャーの *PLSD* 検定を行なった結果を表2-1-3に示した。これから未頸定段階における縦抱きは，他の姿勢発達段階と比べ低い生起率となっており，乳幼児の頸定と同期して縦抱きが増加することが示された。

表2-1-3 各姿勢発達段階ごとの縦抱きの生起率に対してフィッシャーの *PLSD* 検定を行なった結果

縦抱き	頸定	座り	直立	安定歩行
未頸定	**	**	**	**
頸定				
座り				
直立				

**：$p<.01$，*：$p<.05$，†$p<.10$

[「母親の姿勢状態」と「縦抱き」]　次に抱いている時の母親の姿勢状態によって，「横抱き・縦抱き」の生起がどのように変化するかを明らかにするために，母親の姿勢状態（座位・立位・歩行）ごとの「縦抱き」の生起率を算出した。乳幼児の縦抱きの生起率は母親が座位においては86.15％，立位においては90.00％，歩行においては86.21％となっており，いずれも高い生起率を示した。

縦抱きの生起率について，母親が乳幼児を抱いている状態の1要因で分散分析を行なった結果，有意ではなかった。したがって，母親の姿勢状態ごとの縦抱きの生起率には明確な差は認められなかった。

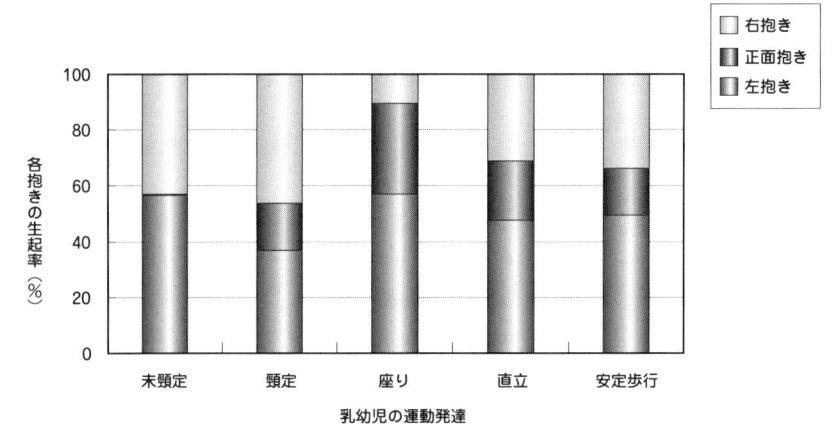

図2-1-4 乳幼児の運動発達段階ごとの左／正面／右抱きの生起率

[乳幼児の姿勢発達と「左抱き・正面抱き・右抱き」] 次に母親による「左抱き・正面抱き・右抱き」に注目し，その生起率が乳幼児の姿勢発達に伴いどのように変化するか検討した（図2−1−4）。

「抱き」の生起率について，乳幼児の姿勢発達段階と抱く部位（左抱き・正面抱き・右抱き）との2要因で分散分析を行なった結果，主効果・交互作用についていずれも有意ではなかった。したがって，左抱き・正面抱き・右抱きにおいて，それぞれ姿勢発達段階ごとに明確な差は認められなかった。

[母親の姿勢状態と「左抱き・正面抱き・右抱き」] 次に左抱き・正面抱き・右抱きの生起率が各母親の姿勢状態によってどのように変化するか検討した（図2−1−5）。

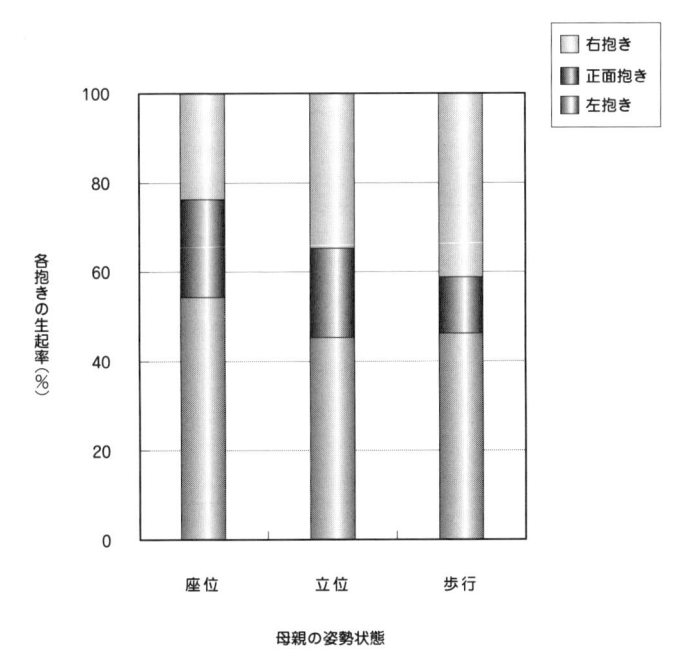

図2−1−5 母親の姿勢状態ごとの右／正面／左抱きの生起率

左抱き・正面抱き・右抱きの生起率のそれぞれに対して，各母親の姿勢状態（座位・立位・歩行）の1要因で分散分析を行った。その結果，座位においてその差は有意であった（$F_{(2,56)}=4.069, p<.05$）。さらにこの結果に関してフ

ィッシャーの PLSD 検定を行なった結果を示した（表2-1-4）。これから座位では，右抱きや正面抱きの生起率に対して左抱きの生起率が高いことがわかる。次に左抱き・正面抱き・右抱きの生起率のそれぞれに対して，立位の1要因で分散分析を行なった結果，有意ではなかった。次に左抱き・正面抱き・右抱きの生起率のそれぞれに対して，歩行の1要因で分散分析を行なった。その結果，歩行においては有意な差が認められた（$F_{(2,56)}=3.270$, $p<.05$）。さらにこの結果に関して，フィッシャーの PLSD 検定を行なった結果を示した（表2-1-4）。これから歩行においては，正面抱きの生起率に対して，左抱きや右抱きの生起率が高いことがわかる。

表2-1-4 母親の各姿勢状態における「左抱き／正面抱き／右抱き」の生起率に対してフィッシャーの PLSD 検定を行なった結果

母親の姿勢状態		正面抱き	右抱き
座位	左抱き	*	*
	正面抱き		
歩行	左抱き	*	
	正面抱き		*

＊＊：$p<.01$, ＊：$p<.05$, †$p<.10$

次に左抱きと正面抱きのそれぞれに対し姿勢状態の1要因で分散分析を行なった結果，有意ではなかった。これから，母親の姿勢状態によって，左抱きと正面抱きの生起率に明確な差は認められなかった。次に右抱きに対し姿勢状態の1要因で分散分析を行なった。その結果，右抱きにおいては有意な差が認められた（$F_{(2,56)}=3.559$, $p<.05$）。さらにこの結果に関してフィッシャーの PLSD 検定を行った結果，5％水準で歩行と座位において有意な差が認められた。これから，右抱きは母親が座位であるのと比べ，歩行においてより多く生起するということが示された。

考察

最初に，座位・立位・歩行といった母親の姿勢状態と乳幼児の「抱かれ行動」の関連について考察する。母親の姿勢状態が立位か歩行かによって乳幼児の「手

による支え行動」および「脚による抱え込み行動」の生起率には有意な差はみられなかったが，その一方で「手による支え行動」は立位・歩行において，座位よりも多くみられた。

　立位と歩行間には移動に伴う振動の要因の存在が考えられるが，この結果からその差は乳幼児の「抱かれ行動」に影響を与えるものとはいえなかった。「手による支え行動」の生起率に差が認められた座位と立位・歩行との基本的相違点は，乳幼児が母親の脚によって安定的に支持されていたか否かである。したがって，乳幼児は母親の脚によって安定した支持を得られる座位よりも，身体支持がより不安定な立位・歩行においてより多く「手による支え行動」を行なうことが示されたといえる。

　これは，乳幼児が「抱き」の成立・維持に積極的に貢献していることを支持する有力な事実である。ラインゴールドとキーン（Rheingold & Keene, 1965）は「抱き」に対するヒトの子どもの貢献性について他の動物と比較しつつ検討した研究を行なっている。彼らは「しがみつき」を基準に考えるならばヒトの乳幼児は抱きによる運搬にはほとんど貢献していないと主張し，本研究とは異なる結論を提示している。彼らは乳幼児が「親の身体や服の一部を手で握っている状態」を「抱き」に貢献する行動，つまり本研究でいう「抱かれ行動」としてカテゴライズしているが，本研究では"積極的に掌を当てている状態"も「抱かれ行動」として含んでいる。その状態は自分の身体を安定させて「抱き」をサポートするという意味を持つものであり，またその状態はいつでも掴むことのできる"構え"の状態とも考えることが可能である。この結果の差は，このようなカテゴリーの相違によるものではなかろうかと考えられる。ラインゴールドとキーン（1965）の研究においても，母親が乳幼児を抱いている状態で小さなスーツケースを拾わせた際，7人中2人（28.6％）の乳幼児が「しがみつき」を行うことが示されており，このことからも，乳幼児は他の種ほどではないにせよ「抱き」に能動的・積極的に関与していると考えた方が妥当であると思われる。

　また，乳幼児の「抱かれ行動」は首がすわってない乳幼児においてはまったくみられないが，その後座り段階以降の発達段階には明らかに発現し，安定歩行段階においてはその生起率は50％程度にまで達した。以上の結果から，ヒト

においても子どもは運搬に貢献しており，その行動は子どもの成長とともに変化する可能性が示唆されたといえるだろう．

なお，「脚による抱え込み行動」の生起率は，座り段階において急激に上昇し，その後直立段階において減少し，さらに安定歩行段階において再び上昇するという発達の様相を示した．本研究が横断的な調査であったことや，「手による支え行動」は手で掴む，握る，掌を当てる等，その能動的関与の観察が容易であったのに対し，「脚による抱え込み行動」はさほど容易ではなかったこと，観察例数も十分ではなかったことを考慮すると，このことに関しては現段階では明確な考察はできない．今後は乳幼児の「脚」が抱きの成立・維持にどのように貢献しているのかを明らかにするために，EMGを指標にするなど，より適切な実験的観察場面を設定することが必要であろう．

次に，乳幼児の姿勢発達と抱き方に関して検討する．本研究においては，乳幼児の頸定と同期して縦抱きが急増することが示された．そのような変化の理由として，第1に母親が前もって「乳幼児の首がすわったら縦抱きにするべきである」といった知識を有しており，それに基づき横抱きから縦抱きへと抱き方を変えたという可能性がある．第2に，首がすわるという乳幼児の身体情報が母親の抱き方をアフォードした結果，縦抱きへ変化したということが考えられる．第3に，身長や体重といった身体的変化や乳幼児のなんらかの行動が，横抱きから縦抱きへのシフトに影響を与えている可能性もある．

しかし，今回の研究では判断材料が不足しているためそのいずれが主たる理由であるのかは不明である．姿勢発達とともに，乳幼児の身長，体重といった身体情報や乳幼児の行動等様々な側面の変数を考慮しつつ縦断的観察を行なう必要がある．

次に母親の姿勢状態と抱き方との関連性を検討する．母親の姿勢状態によって縦抱き・横抱きの生起率に明確な差は認められなかった．その一方，座位では左抱きが右抱きより有意に高い割合を示したが，立位・歩行においては乳幼児が抱かれる左右位置の生起率に有意な差はみられなかったことにおけるように，母親の姿勢状態によって乳幼児が抱かれる左右の位置は変化していた．座位では乳幼児は常に母親の脚によって支持される．それに対し立位・歩行においては，乳幼児は母親の体側に位置し，脚による支持が得られない．このよう

な座位と立位・歩行との間の，母子の身体位置関係がもたらす安定性の相違が，母親の抱き方を変化させている可能性が考えられる。

先行研究において，母親の利き手（Lockard, Daley, & Gunderson, 1979）や乳幼児の体重（Dagenbach,Harris, & Fitzgerald, 1988；Harris & Fitzgerald, 1983, 1985；Lockard,Daley, & Gunderson, 1979；Rheingold & Keene, 1965）が抱き方に影響を与えている可能性が示唆されていることから考えて，今回の結果は母親の利き手と乳幼児の体重といった物理的要因によって説明することが可能かもしれない。つまり，乳幼児の体重を安定的に支えるためには，座位においては利き手を用いる利点は少なく，立位・歩行においては安定的に支えるために利き手で子どもを支えるという必要性が高まり，そのために右抱きが多くなった可能性がある。

この点を明らかにするために，今後は抱いている際の母親の姿勢状態，利き手，上述したような乳幼児の身長や体重，行動等の変数とともに，抱きながら母親がものを拾う場面，乳幼児に授乳する場面等といった状況を設け，そういった文脈性をも考慮して検討する必要がある。

まとめ

本研究では母子の「抱き」の発達的変化を母親の「姿勢」との関連から，母親の抱き方のみならず，乳児の能動的行動をも検討した。その結果以下の3点が示唆された。

①乳幼児も「抱き」の成立・維持に貢献しており，その行動は子どもの姿勢発達に伴い増加する。
②乳幼児の頸すわりが横抱きから縦抱きへの変化の契機となっている。
③母親の抱き方は抱く際の母親の姿勢状態の影響を受けている。

以上のことから，「抱き」は母子が「姿勢」という身体要因を基盤にしつつ互いに関与し合うことで成立・維持される相互的行為であることが明らかとなった。

研究2

母子間の横抱きから縦抱きへの移行に関する縦断的研究
ダイナミック・システムズ・アプローチの適用

問題

　研究1では，乳幼児の頸定が横抱きから縦抱きへの変化の契機となっていることが示唆された。

　抱きの先行研究としては左右の抱きの優位性に関するものが多く見られるが（Dagenbach, Harris, & Fitzgerald, 1988；Nakamichi, 1996），乳児を水平に寝かせるように抱く「横抱き」から乳児の体幹が垂直になるように抱く「縦抱き」への移行に焦点化した研究はほとんど行なわれていない。横抱きから縦抱きへの変化は，独力ではないにせよ乳児の体幹が重力に抗して「水平」から「垂直」へ移行する，母子システムにおける乳児の最初の姿勢的変化といえる。また，ある姿勢にはその姿勢に伴う視界の変化が必然的に付随する（Bertenthal & Bai, 1989；Lee & Aronson, 1974；佐々木，1989）ことから，この横抱きから縦抱きへの移行は母子システムによって達成される，乳児の視界の劇的な変化ともいえる。

　したがって，横抱きから縦抱きへの移行に関する研究を行なうことにより，乳児発達研究に母子を1つのシステムとして捉えるという新たな視点がもたらされると考えられる。もし乳児が姿勢を制御し自ら座位に至ることができる以前に，乳児が縦抱きを志向することが示されれば，乳児は母親との抱きシステムの中で，完全に独力ではないにせよ，自らの意図によって姿勢を水平から垂直へ移行させるということを意味することになる。もしそうであれば，独力で姿勢を水平から垂直へと移行させる姿勢制御能力よりも姿勢を垂直にする志向性が先に芽生えているということになり，現在の姿勢発達理論に重要な示唆を与える可能性がある。

　研究1では，乳児の姿勢運動発達の視点から，横抱きから縦抱きへの発達的変化を横断的に検討した結果，乳児の頸定前の段階では縦抱きの生起率が

28.05％であったのに対し，頸定後の段階では92.22％となり有意に高まることが示された。また，縦抱きの生起率は，その後の発達段階では，座り（94.11％），直立（100％），安定歩行（100％）と非常に高い生起率で安定し，有意な変化はみられなかった。このことは少なくとも，母親が乳児の身体的発達とは無関係に抱いているわけではないことを意味している。

これから研究1では乳児の頸定という身体要因の変化が，母親に縦抱きをする行為の機会を与えた（アフォードした）ため，抱き方が変化した可能性を示唆した。本研究では乳児側の発達にも着目し，急速に発達する乳児のいずれかの発達要因が，横抱きから縦抱きの移行に対するコントロール・パラメータとなっているといった仮説に基づき，横抱きから縦抱きへの変化を検討する。それにより，乳児の発達に伴い柔軟に組織化される新たな抱きの様相を捉えうると考えられる。

その際，平均値の推移として発達を捉える横断的な研究は，集団としてのおおまかな発達を捉えるためには有効だが，個体のダイナミックな発達を捉えることや，変化の際のコントロール・パラメータを特定することはできない（Smith & Thelen, 1993；Thelen & Smith, 1994, 1998；氏家，1996）。したがって，身体や運動を柔軟に組織化するシステムとして捉えることに成功してきた最新の発達理論であるダイナミック・システムズ・アプローチ（以下ＤＳＡとする）を適用することにより，抱きをダイナミックな柔軟に組織化される母子システムとして捉えることが可能となると思われる。

ＤＳＡの方法論上の基本的手続きを示すと以下のようになる。

---

①具体的で観察可能な集合変数を定義する。
②平均値等により，異なる発達時期や異なる状態において，より多く見られる集合変数の状態を捉える。
③集合変数のダイナミックな発達軌跡を描く。
④個々の発達過程における「変化点」を特定する。
⑤個々の集合変数に発達的変化を発生させるコントロール・パラメータ（有機体，行動，環境要因）は何であるかを特定する。
⑥より説得力をもたせるためには，推測されるコントロール・パラメータを操作し，集合変数の発達的移行を発生させる。

本研究は，基本的に以上の枠組みに基づき，個々の横抱きから縦抱きへのダイナミックな移行を記述し，その変化に強く影響しているコントロール・パラメータの特定を試みる。

ＤＳＡを横抱きから縦抱きへの移行に適用する際には，検討する乳児の発達要因の中で，縦抱き出現に影響力をもつ可能性が考えられる主要な発達要因を複数検討する必要がある。検討すべき要因は多数考えられるが，ここでは抱きに関連した先行研究を踏まえた上で，以下の３側面から縦抱きの出現に影響力をもつコントロール・パラメータを検討することとする。第一に，縦抱きへの移行と頸定との関連性が示唆されていることから（西條，1999；西條・根ヶ山，2001），姿勢発達の１つの指標である頸定が縦抱きへの移行に影響を与えるかを検討する必要がある。

第二に，母親の「抱き方」には子どもの体の大きさや重さが影響する可能性が示唆されていることから（Dagenbach, Harris, & Fitzgerald, 1988；Lockard, Daley, & Gunderson, 1979；Rheingold & Keene, 1965），乳児の身長・体重といった身体発達要因が縦抱きの出現に強い影響力を与えうるか検討する必要がある。また，乳児が抱きを母親の身体や衣服の一部を積極的につかむ等，能動的にサポートしており，抱きとは母親が一方的に行なう行動ではなく，子どもも能動的に関与していることが示されている（西條，1999；西條・根ヶ山，2001）。

これを踏まえ，第三に，乳児の能動的関与がコントロール・パラメータとなり縦抱きが出現している可能性も検討する必要がある。そのため，母親に通常抱き場面の抱き方と反対の抱き方をさせる課題設定場面を設け，その抱き方に対して乳児がどのような行動を示すかを，縦抱きの出現する以前からすべての母子が縦抱きへ移行するまで縦断的に追跡調査することで，乳児の能動的関与が縦抱き出現のコントロール・パラメータである可能性を検討する。

その結果，横抱きから縦抱きへの移行の前後において，縦抱き移行前では，＜通常抱き場面－横抱き＞→＜課題設定場面－縦抱き－抵抗なし＞→＜通常抱きに戻す－横抱き－抵抗なし＞であるのに対し，縦抱きへの移行後では，＜通常抱き場面－縦抱き＞→＜課題設定場面－横抱き－抵抗出現＞→＜通常抱きに戻す－縦抱き－抵抗消去＞となれば，縦抱きへの移行に対して，乳児の横抱き

に対する抵抗が影響力をもつことを示唆できる。

　以上本研究で焦点化する3側面を挙げてきたが，DSAにおいてコントロール・パラメータは多数想定されるため，当然これ以外にも検討すべき要因は多く考えることができる。しかし，縦断的調査を継続するためには，1回につき多数の項目を調査することは避けねばならない。なぜなら対象者に過度な負担を与えることによって，縦断調査の継続が困難になると考えられるからだ。西條と清水（2003）は，科学的発達研究を再考する中で，「発達現象を『変化』として捉えようとすれば，より密度の高い時系列データによって発達の非線形性を考慮することが必要になる」と指摘し，科学的な縦断データの条件の1つとして，時系列点の密度の高さを挙げている。したがって，縦断データの密度や観測期間を重視するため，上記の3側面に限定して検討することとする。その結果，どれだけの母子を理解しうるモデルを提起できたかによって，この3側面への焦点化の妥当性は明らかになることだろう。

　しかし，上述した理由から3側面に限定せざるを得ないにしろ，そのような行動データのみでは，横抱きから縦抱きへ移行するプロセスを明らかにすることはできないだろう。縦抱きへの移行の瞬間に確実に立ち会うためには，各母子につきっきりで観察する必要があるが，実際にはこれは極めて困難である。1章で先述したように，DSAは，システムとして現象を捉えダイナミックな視点から，発達の問題を組み立てる枠組みを提供するものであり，良いデータを収集し，記述的・実験的双方の方法を用いるといった発達を理解する際に最も困難な部分の代わりとなるものではない（Thelen & Smith, 1998）。そのため現実的には多くの方法論上の問題がある。関連する変数を特定するためには，新しいツールが必要となり，それらを解釈するためには新しい分析やモデル化の方法が必要となるといわれている（Thelen & Smith, 1998）。したがって，研究目的に合わせてさまざまな工夫をする必要がある。

　本研究では，質的分析が要因関係性の力動的把握に適している（やまだ，1997）ことを踏まえ，分析2で縦抱きへの移行のプロセスに焦点化した母親へのインタビューや，移行生起場面の質的な分析によって，縦抱き出現のプロセスを明らかにする。

　しかしながら他方で，母親が「赤ちゃんの頸がすわったら縦抱きにすべき」

といった知識を育児書や自分の親姉妹などから得て，トップ・ダウン的に縦抱きへと抱き方を変える可能性も指摘されている（西條・根ヶ山，2001）ことから，母親へのインタビューにおいて，その可能性についても検討する必要がある。

以上のことから，本研究では，乳児の身長・体重といった身体的発達，姿勢発達の最初の指標である頸定，また通常抱き場面と縦横・左右反対に抱いてもらう課題設定場面における乳児の能動的関与行動の3側面を考慮しつつ，DSAを適用し，横抱きから縦抱きへの移行を縦断的に検討することにより，その移行に影響力をもつコントロール・パラメータを特定する。もし，乳児の能動的関与がない状態では横抱きであるが，横抱きに対する抵抗行動が出現した以降は縦抱きになっていることが示されれば，縦抱きの出現に対し，乳児の抵抗行動も強い影響力を与えることが示唆されたといえるだろう。また，インタビューにより母親が育児書等から得た知識に基づきトップ・ダウン的に縦抱きへと抱き方を変える可能性も検討する。さらに母親の言語報告と通常抱きにおいて横抱きから縦抱きへの移行が見られた事例の質的分析により，縦抱き出現のプロセスを明らかにする。こうした検討を重ねることにより縦抱きへの移行という現象を，より包括的に理解することが可能なモデルを提起することが本研究の目的であり，そのモデルの包括度によって本研究の正否は規定されてくるであろう。

方法

[対象]　研究開始時生後1カ月以上2ヶ月未満の乳児（男児5名・女児11名）とその母親（初産6名・経産10名）16組であった。観察に先立ち，母親からは研究への協力についてインフォームド・コンセントを得た。

[手続き]　1999年8月～2000年3月にかけて，生後1カ月時期から毎月1回で計7回の縦断的観察を行なった。観察は日中に各家庭や保育園の一室において行ない，行動の記録にはデジタルビデオカメラを用いた。また，観察は乳児が覚醒時で情動の安定している時に限定した。また，なるべく行動の死角ができないよう撮影者が移動しつつ観察を行ない，常に対象の母子1組のみが大き

く画面に入るよう留意した。

　最初に通常抱き場面として，母親に，立っている状態でふだん通り抱くよう教示し，その場面を1分間撮影した。母親にかかる負担を考慮したため，長時間の観察は避けた。その後，課題設定場面として，通常抱き場面で「縦抱き」をしていた母親には「横抱き」を，「横抱き」をしていた母親については「縦抱き」をさせた。それに対して乳児が抵抗行動を起こした場合はその直後に，抵抗行動を起こさなかった場合は15秒経過した後にもとの抱き方に戻してもらった。15秒という時間は，予備的な観察において，抵抗行動が生起する際は，ほとんどのケースにおいて，15秒以内であったためである。

　本研究では研究1と同様に，「横抱き」は「乳児の身体が斜め，または水平になる抱き方」（図2-2-1左側）とし，「縦抱き」は「乳児の身体がほぼ垂直になる抱き方」（図2-2-1右側）と定義した。次に通常抱き場面で体の右側で抱いていた母親については左側で，左側で抱いていた母親には右側で抱かせた（15秒間）。なお，左右の抱きも研究1と同様に，乳幼児の頭部が母親の身体の中心線よりも左右どちらにあるかで判断した。この左右反対抱きの手続きは，乳児がたんに抱き方を変えるという行為自体に対して抵抗を示している可能性を検討することが目的であったため，左右どちらとも判別できない場合は，ふだんはいつもどちら側で抱くことが多いか尋ね，その反対側で抱いてもらうことで抱き方を変化させた。ここでも左右反対抱きに対して乳児が抵抗行動を起こした場合はその後に，抵抗行動を起こさなかった場合は15秒経過した後にもとの抱き方に戻してもらった。

　撮影がすべて終了した後，観察者によって乳児の身長と体重が計測された。母親の報告によれば，課題設定場面を除く撮影時全般の乳児の強い不機嫌・緊張などは，観察された112例（乳児16名×7回の観察）中いずれのケースにおいてもみられなかった。また，「乳児の体を支えた状態で，前後左右に乳児の体を傾けた際に，頭部を垂直にした姿勢を10秒以上保つことができる」ことを本研究における頸定の定義とし，観察者によって頸定の有無が確認された。

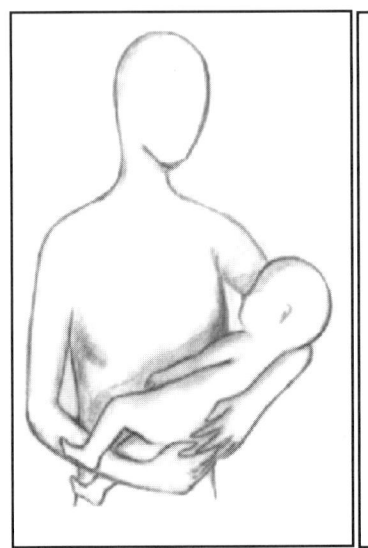

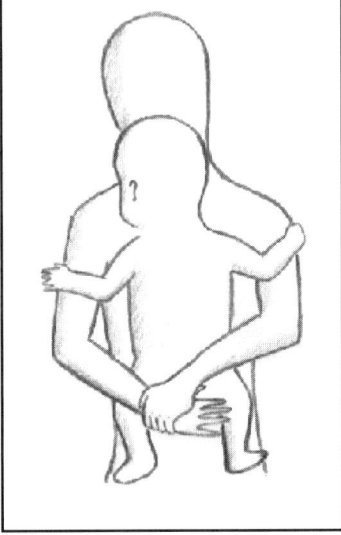

図2-2-1 「横抱き」と「縦抱き」

母親の言語報告データの収集

観察を開始して約8カ月経過した頃に,母親に半構造化面接法によるインタビューを行った。そこでは横抱きから縦抱きへ移行した理由について,主に以下の3点から質問された。

①子が横抱きを嫌がったからということがあるか,
②子の首がすわったからということがあるか,
③各メディアや知人や親戚等によるアドバイス等から得た知識によって変えたということはあるか。

映像の分析

[通常抱き場面] 撮影された1分間の映像を分析対象とし,横抱きか縦抱きかを1秒ごとに記録し,より多く生起した抱き方をその月齢における抱き方としたが,その1分間に,2種類の「抱き形態」間での移行が見られたのは112例

(乳児16名×7回の観察)中1例のみであった。このことは，その月齢における抱き形態が安定していることを示しており，1分間の通常抱き場面における抱き方を，その月齢における典型的な抱き形態と捉えることは妥当であるといえる。

なお，1分間に，2種類の抱き形態間での移行が見られた1例は，その変化のプロセスを捉えている貴重なデータであることから，その移行のプロセスを明らかにするために，後述する分析2の最後に，その1例を用いた質的な分析を行う。

[課題設定場面] 通常抱き場面と横縦・左右を反対にした際の抱きに対する乳児の能動的関与として，「頭部や胴体を垂直に起こそうとする」，「手足をばたつかせる」，「泣く」，「全身をくねらせる」といった行動が多く観察されたため，それらの行動を「抵抗」とし，その有無を確認した。なお，その際の「抵抗」の判断基準は，反対に抱かれたことに対する「抵抗」であるということを明確にするために『「抵抗」の生起後に，もとの抱き方に戻した際，すぐに「抵抗」が収まること』を含めた。

結果

分析1

まず各変数の発達を概略的に捉えるため，各月齢において，母親の縦抱き，乳児の頸定，乳児の横抱きに対する抵抗，乳児の左右反対抱きに対する抵抗のそれぞれにおける割合を算出し，それらの発達的推移を示した（図2-2-2）。なお，それらの割合は『生起した例数／16（全乳児数）×100』として算出した。乳児の縦抱きに対する抵抗はまったくみられなかったため分析から除外した。

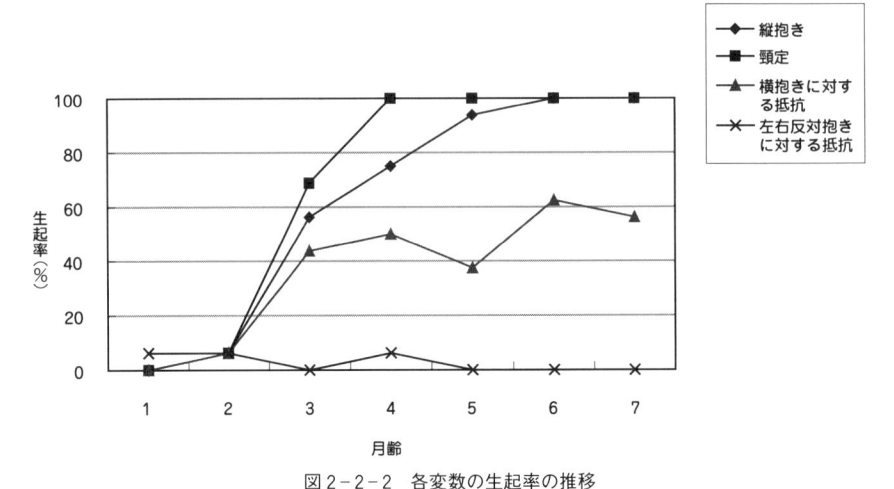

図2-2-2　各変数の生起率の推移
(各変数の割合は『「生起例数」／「16（全乳児数）」×100』として算出した)

　図2-2-2から，乳児の左右反対抱きに対する抵抗は各月齢を通じてほとんどみられないことが読みとれる。また，縦抱きと頸定が生後2カ月～3カ月の間に急激に増加し始め，その後もほぼ平行した軌跡を描き，近似した発達をしているようにみえる。また，横抱きに対する乳児の抵抗は，縦抱き・頸定と同様に2カ月～3カ月の間に急激に増加するが，その後は50％前後の生起率で安定しているようにみえる。横抱きから縦抱きに抱き変えることに対する抵抗はまったくみられなかったことや，左右を反対に抱き変えたことに対する抵抗がほとんどみられなかったことから，乳児はたんに抱き方を変えるという行為自体に対して抵抗を示しているわけではないといえるだろう。

　以下ではＤＳＡの基本原理に従い，個々の発達軌跡を基本単位として，横抱きから縦抱きへの移行点に焦点化し検討を行なう。個々の発達的推移に着目すると，各母子の横抱きから縦抱きへの移行の時期は生後2カ月～6カ月まで多様であった（表2-2-1）。横抱きから縦抱きへの移行に強い影響を与えるコントロールパラメータを絞り込むために，横抱きから縦抱きへ移行する前後の月齢のみを分析対象とし（表2-2-1の網掛け部），フォワード・セレクション方式のステップワイズ回帰分析を行なった。その際縦抱き出現の有無を目

的変数とし，月齢，身長，体重，頸定の有無，横抱きに対する抵抗の有無，左右反対抱きに対する抵抗の有無を予測変数とした[★1]。その結果，有意水準5％で，「横抱きに対する抵抗の有無」・「頸定の有無」の2要因を抽出した（表2-2-2）。これから横抱きから縦抱きへの移行には，「横抱きに対する抵抗の有無」が最も強い影響を与えていること，次に「頸定の有無」が影響を与えていることが示された。なお，このステップワイズの結果は，「横抱きに対する抵抗の有無」「頸定の有無」のそれぞれの要因と縦抱き出現との関連性と比べ，この2要因間の関連性が弱いからこそ得られた結果であるため，この2要因間に特に意味のある関係はないことを記しておく。

表2-2-1 各変数の時系列的関連パターンとその例数（％）

パターン1："最初の横抱きに対する抵抗"と"縦抱きへの移行"が同時生起後に"首座り"が生起3例（18.75％）

具体例：母子A	月齢						
	1	2	3	4	5	6	7
縦抱きの生起	×	●	○	○	○	○	○
首座り	×	×	○	○	○	○	○
縦横反対抱きに対する抵抗	×	○	○	○	○	○	○
左右反対抱きに対する抵抗	×	×	×	×	×	×	×
身長（cm）	58.0	62.0	64.5	65.2	66.5	70.0	70.8
体重（Kg）	5.2	6.4	7.3	7.9	8.1	8.4	8.9

パターン2："首座り"生起後に"最初の横抱きに対する抵抗"と"縦抱きへの移行"が同時生起5例（31.25％）

具体例：母子B	月齢						
	1	2	3	4	5	6	7
縦抱きの生起	×	×	×	×	×	●	○
首座り	×	×	○	○	○	○	○
縦横反対抱きに対する抵抗	×	×	×	×	×	○	×
左右反対抱きに対する抵抗	×	×	×	×	×	×	×
身長（cm）	60.1	63.0	65.0	66.8	70.1	73.1	73.6
体重（Kg）	6.0	6.8	7.6	8.0	8.5	9.0	9.2

パターン3："最初の横抱きに対する抵抗"と"首座り"・"縦抱きへの移行"が同時に生起5例（31.25％）

具体例：母子C	月齢						
	1	2	3	4	5	6	7
縦抱きの生起	×	×	×	●	○	○	○
首座り	×	×	×	○	○	○	○
縦横反対抱きに対する抵抗	×	×	×	○	○	○	○
左右反対抱きに対する抵抗	×	×	×	×	×	×	×
身長（cm）	54.0	56.9	61.3	68.3	69.0	70.7	72.2
体重（Kg）	6.3	6.8	7.0	8.0	8.4	8.8	8.9

パターン4："首座り"と"縦抱きへの移行"が同時生起後に"横抱きに対する抵抗"が生起1例（6.25%）

母子D	月齢						
	1	2	3	4	5	6	7
縦抱きの生起	×	×	●	○	○	○	○
首座り	×	×	○	○	○	○	○
縦横反対抱きに対する抵抗	×	×	×	×	×	×	○
左右反対抱きに対する抵抗	×	×	×	×	×	×	×
身長（cm）	54.0	57.5	59.0	61.0	62.6	65.0	66.2
体重（Kg）	4.0	4.9	5.4	6.2	6.5	6.6	6.8

パターン5："横抱きに対する抵抗"は生起せず，"首座り"と"縦抱きへの移行"が同時生起1例（6.25%）

母子E	月齢						
	1	2	3	4	5	6	7
縦抱きの生起	×	●	○	○	○	○	○
首座り	×	○	○	○	○	○	○
縦横反対抱きに対する抵抗	×	×	×	×	×	×	×
左右反対抱きに対する抵抗	×	×	×	×	×	×	×
身長（cm）	60.9	66.0	69.5	70.0	71.6	72.0	73.0
体重（Kg）	5.7	7.0	7.6	8.0	9.1	9.3	9.5

パターン6："首座り"後に，"縦抱きへの移行"が生起し，その後"横抱きへの抵抗"が生起1例（6.25%）

母子F	月齢						
	1	2	3	4	5	6	7
縦抱きの生起	×	×	×	●	○	○	○
首座り	×	×	○	○	○	○	○
縦横反対抱きに対する抵抗	×	×	×	×	×	○	×
左右反対抱きに対する抵抗	×	○	×	○	×	×	×
身長（cm）	61.1	61.5	62.5	64.5	65.3	68.2	70.0
体重（Kg）	4.5	4.8	6.3	6.8	7.1	8.0	8.2

●：縦抱きの出現，○：生起，×：非生起，網掛け部：ステップワイズ回帰分析の対象部例
（注）　なお，実際の観察はこの表の月齢の，「1」とは，子どもが「生後1カ月から2カ月の間」であったことを指し，生後の日数としては2カ月に近い子どもが多かった．

表2-2-2　縦抱きの出現の有無を目的変数とした回帰分析の結果

Step	予測変数	R^2乗	累積	回帰係数	F
1	横抱きに対する抵抗の有無	0.640	0.640	0.800	45.000***
2	頸定の有無	0.116	0.702	0.340	34.179***

***$P<.0001$

（注）　以下の因子は選択されなかった．（カッコ内R^2乗）
　　　　身長（.0177），体重（.0117），左右反対抱きへの反応（.0034），月齢（.0004）

さらに，各変数の時系列的な関連性を検討したところ，6パターンに分類された（表2-2-1）。これに基づき「縦抱きへの移行」に対して，「横抱きに対する抵抗」と「頸定」のそれぞれの初出がどれだけ同時生起しているか検討した。その結果，「横抱きに対する抵抗」の初出と「縦抱きへの移行」が同時期に生起した母子は13組（81.25％）にものぼり，「頸定」の初出と「縦抱きへの移行」が同時期に生起した7組（43.75％）よりも多くみられることがわかった。さらに，「横抱きに対する抵抗」と「頸定」の発現以後の，「横抱きの生起の有無」に着目し検討した。その結果，首がすわってもなお横抱きを続けていた母子は6組（37.50％）観察されたのに対し，「横抱きに対する抵抗の初出」後に，横抱きを続けていたケースはまったく見られなかった。言い換えると，横抱きに対する抵抗が初出した以降は，例外なく縦抱きになるということである。このことは，横抱きから縦抱きへの移行に対し「横抱きに対する抵抗の初出」がクリティカルなコントロール・パラメータとして機能していることを示唆している。しかしながら，「頸定」の発現以後に「縦抱きへの移行」が生起した母子も13組（80.25％）みられたことから，乳児の頸定という身体的変化もやはり縦抱きへの移行に影響力をもつコントロール・パラメータとして機能すると考えられる。

　また表2-2-1・図2-2-2からもわかるように，横抱きに対する抵抗は最初の生起後に必ずしも生起するわけではなかった。実際，「横抱きに対する抵抗」の初出と「縦抱きへの移行」が同時に初出した13組中9組は最初に抵抗が生起した後，抵抗が生起しないことがあった。さらにその9組中4組は最初に横抱きに対して抵抗が生起してから1・2カ月間抵抗が出現した後に抵抗はまったく生起しなくなった。これから，縦抱き出現後「横抱きに対する抵抗」が生起しない例は多くみられたにもかかわらず，最初の抵抗が生起した後に横抱きに戻ることはないことがわかった。このことは，「横抱きに対する抵抗」は縦抱きの出現に対しては影響力の強いコントロール・パラメータとして機能するが，縦抱きを維持するためにはそれほど機能していないことを示唆している。

　以下，乳児の「横抱きに対する抵抗」や「頸定」がどのように働くことによって縦抱きへ移行するかを検討するため，質的分析によって詳細に検討する。

分析2

[**母親の語り（表2-2-3）**]　　以下，縦抱きへと移行した主な理由を中心にまとめる。なお，母親の言語報告データにみられた縦抱きへの移行の主な理由は，全例の87.5%にあたる14例において分析1の縦断データの行動分析結果と一致していた（一致しなかった2例については後述する）。このことは，分析1においてカテゴリー化した「横抱きに対する抵抗行動」に相当する行動に対して，母親は「子どもが横抱きを嫌がった（ている）」と解釈していたということを意味する。

表2-2-3　縦抱きへの移行に関する母親の語り（各語りの番号は表2-2-1の各パターンに対応している。例：語り1はパターン1のいずれかの母子に該当）

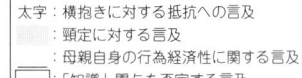

凡例：
- 太字：横抱きに対する抵抗への言及
- ：頸定に対する言及
- ：母親自身の行為経済性に関する言及
- □：「知識」関与を否定する言及
- 斜体：「知識」関与を肯定する言及

語り1：「まだ首がすわってないときに，首がすわるまでは横抱きというイメージがあった。**泣いて泣いてどうしようも無いときに，ふっと縦抱きにしたら泣きやんだ。その一回のできごとを境に，それから縦抱きになった。**首がすわってないので大変だったけど。」

語り2：「首がすわって，**横抱きだと落ち着かない。あばれる。縦抱きにすると落ち着く。それが何度かあって縦抱きになった。**」

語り3：「首がすわったから。**赤ちゃんが横抱きを嫌がったのもある。**両親とも腰が悪く横抱きが腰に負担がかからないのを知っていたからできるだけ横抱きにしていた。」

語り4：「首がぐらぐらしなくなるようになってから，なんとなく抱きやすいため。知識ではない。赤ちゃんが横抱きをいやがるからということはなかった。それはない。」

語り5：「**横抱きを嫌がったので。そして縦抱きをすると嫌がらないので。**横抱きは手が疲れる。知識ではない。首がすわる前から多少嫌がっていた。」

語り6：「昔の人，おばあちゃんが首すわってない時は縦抱きダメと言っていたのを聞いて意識した。首がすわると手で支えなくてよくなる。横抱き自体を嫌になった時はないと思う。そういう場面はあったが。」

子の横抱きに対する抵抗行動と頸定の双方への言及は，9名にみられた（語り2・3の**太字**と　　部）。また，「赤ちゃんの首がすわったから」という頸定のみへの言及は3名にみられた（語り4の　　部）。その中の1名は行動データにおいては，縦抱きへと移行した時点で，子の横抱きに対する抵抗行動が

初出していた（表2-2-1のパターン3に該当）にも拘わらず，「横抱きを嫌がるということはない」と行動データと矛盾する言及をしていた。また，逆に行動データでは横抱きに対する抵抗行動が全く観察されなかったにも拘わらず，横抱きを嫌がっていたと報告されたケースが1例あった（語り5）。縦抱きへと移行した理由として，「赤ちゃんが横抱きを嫌がったから」といった，子の横抱きに対する抵抗行動のみへの言及は，4名にみられた（語り1の**太字**）。なお，赤ちゃんが嫌がったからと答えた人の中には，赤ちゃんが横抱きを嫌がったことでどのように縦抱きへ移行したか，そのプロセスについて言及している人もみられた（語り1・2・5の*斜体太字*）。これから横抱きへの抵抗を契機とした縦抱きへの移行は，「子が横抱きを嫌がり（横抱きに抵抗を示し）縦抱きにするとそれが収まる。それが1～数回繰り返され縦抱きになる」といったプロセスを経ていることが示唆された。また，「首がすわったからこそ，横抱きを嫌がるようになった」といったような，「頸定」と「横抱きへの抵抗行動」の直接的な関連性への言及は全く見られなかったことから，これらは縦抱きへの移行にそれぞれ独立した形で影響していると考えられた。

　知識によって縦抱きに変えたと答えた人は全くみられなかった（語り4・5の□部）。しかし，直接質問していないにも拘わらず，「首がすわるまでは横抱きをするといった知識を有していた」といった言及をする人は3名みられた（語り1・3・6の*斜線部*）。これから知識は，縦抱きへの移行の際にはほとんど機能せず，横抱きの維持に対して機能しているといえる。

　そして，縦抱きへの移行に関して，行為レベルで母親自身に利益や負担があるといった言及がみられたため，それを「行為経済性」と名付けた。行為経済性に関する言及は9名に見られ（語り1・4・6の下線部），「首がすわってない時の縦抱きは大変だった・首がすわるとなんとなく抱きやすい」といった頸定と関連した行為経済性への言及は，4名にみられた。また，「横抱きがつらい，つかれる・縦抱きの方が楽」という横抱きの非行為経済性（縦抱きの行為経済性）に関連する言及は3名にみられた。「縦抱きだと右手が使える・片手の方が楽で家事に便利」といった片手が空くことによる行為経済性への言及は2名にみられた。なお，赤ちゃんの横抱きへの抵抗（嫌悪）行動と行為経済性との直接的な関連性について言及されることはなかった。これらの行為経済性

に関する言及を総合すると，「首がすわる前に縦抱きをするのはたいへんだが，首がすわってからはむしろ縦抱きの方が楽であり，抱きやすく，片手が使えて便利である」といったことになろう。

以上のことから，縦抱きへの移行は，①乳児の「横抱きに対する抵抗行動」を契機として移行するパターン，②乳児の「頸定」が契機となって移行するパターン，③「横抱きに対する抵抗行動」と「頸定」の双方が影響を与え移行するパターン，の3パターンがあることが示された。また，それらは知識として機能するのではなく，「子が横抱きに抵抗を示し縦抱きにするとそれが収まる」，「子の頸定に伴い縦抱きの方が抱きやすくなった」というように，身体行動レベルで機能していることが示された。

[縦抱き移行場面の質的分析（事例2-2-1）]　最後に，「子が横抱きに抵抗を示し縦抱きにするとそれが収まる」という移行プロセスをより詳細に検討するため，通常抱き場面において，横抱きから縦抱きに移行する場面を撮影することができた一事例にたいして，質的な分析を行った。

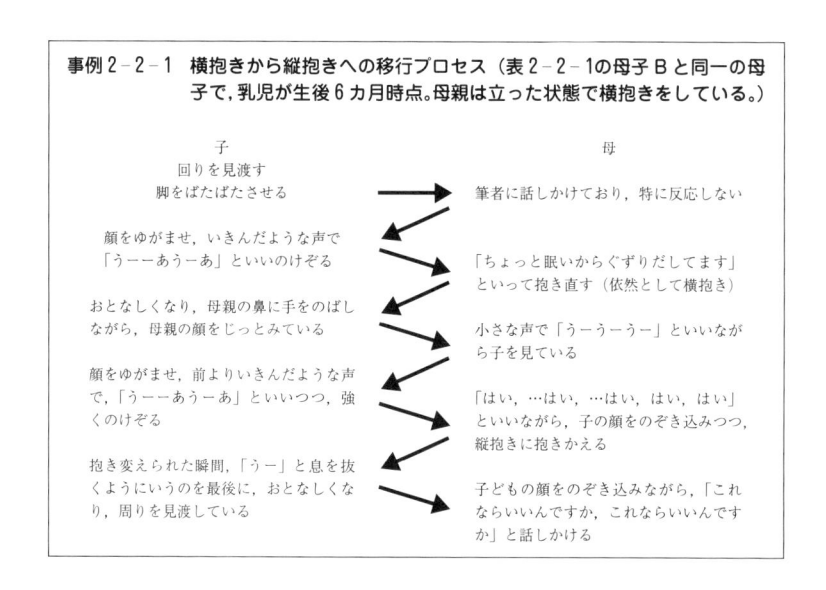

```
事例2-2-1　横抱きから縦抱きへの移行プロセス（表2-2-1の母子Bと同一の母
          子で，乳児が生後6カ月時点。母親は立った状態で横抱きをしている。）

            子                                    母
       回りを見渡す
       脚をばたばたさせる              →    筆者に話しかけており，特に反応しない

    顔をゆがませ，いきんだような声で        「ちょっと眠いからぐずりだしてます」
    「うーーあうーあ」といのけぞる          といって抱き直す（依然として横抱き）

    おとなしくなり，母親の鼻に手をのばし    小さな声で「うーうーうー」といいなが
    ながら，母親の顔をじっとみている        ら子を見ている

    顔をゆがませ，前よりいきんだような声    「はい，…はい，…はい，はい，はい」
    で，「うーーあうーあ」といいつつ，強    といいながら，子の顔をのぞき込みつつ，
    くのけぞる                              縦抱きに抱きかえる

    抱き変えられた瞬間，「うー」と息を抜    子どもの顔をのぞき込みながら，「これ
    くようにいうのを最後に，おとなしくな    ならいいんですか，これならいいんです
    り，周りを見渡している                  か」と話しかける
```

縦断データにおいて「横抱きへの抵抗行動」が縦抱きへの移行に関わっていたケースの一名を除く全ての母親が，「子が横抱きを嫌がったからということ

があるか」といった質問に対して肯定していたことや,「子が横抱きに抵抗を示し縦抱きにするとそれが収まる」といった移行プロセス（語り1・2・5の＜斜体太字＞）に対する言及をも踏まえた上で，この事例を解釈すれば，以下のようになろう。

　　横抱きで抱いていると，子は脚をばたばたさせるが，母親は撮影者に話しかけており，それには全く気付かない。その後，子が大きな声をあげながらのけぞるといった抵抗行動を示したのに対して，最初母親は「ちょっと眠いからぐずりだしてます」といった間主観的解釈を行い，抱き直し体勢を整えるものの依然として横抱きをしている。少しの間，子はおとなしくしているが，もう一度先ほどより大きな声をあげながら，強くのけぞるといった抵抗行動を示す。母親は子が横抱きを嫌がっていると間主観的な解釈を行い，縦抱きへと抱き変える。その直後，子は抵抗行動をやめ，おとなしくなる。母親はその様子をみながら，「これならいいんですか，これならいいんですか」という。

以上の分析2により，「横抱きに対する抵抗行動」を介して縦抱きへ移行するパターンにおいては，このような間主観的調整を媒介にして母子が相互作用を行い，その結果縦抱きへと移行するといったプロセスが1〜数回繰り返されることにより，縦抱きへと移行したと考えられる。

考察

分析1において，横抱きから縦抱きへの移行に対し，影響力のあるコントロールパラメータが，乳児の身体発達・姿勢発達・行動発達の3側面から縦断的に検討された。その結果，乳児の頸定も影響力を持つものの，乳児の横抱きに対する抵抗行動が縦抱きの出現に，よりクリティカルなコントロールパラメータであることが示された。分析2では，それらの要因が縦抱きへの移行に対して，どのような形で影響を与えているかを質的分析により詳細に検討した。その結果，それら2つの要因は「知識」として機能するのではなく，母子の身体

を基盤とした「抱き」という行為の継続の中で，機能していることが明らかとなった。

縦抱きへの移行はどのようにして起こっているのか？

[「横抱きに対する抵抗行動」を契機とした縦抱きへの移行]　乳児が横抱きを嫌がり，母親が縦抱きをするようになったということは，その側面だけ見ると乳児の「抱き」に対する能動的関与行動が一方向的に母親の「抱き方」を変えさせているように，つまり制御しているように考えられるかもしれない。しかし，そのような解釈は適切ではないだろう。母親が子の安定性を志向し，間主観的調整を行う存在だからこそ，乳児が抵抗を示しはじめると，母親は，少なくとも「子は今の状態を好ましく思っていない」，もしくは「子が横抱きを嫌がっている」と間主観的に解釈し，乳児が安定する抱き方を探索し，その結果抵抗が収まる縦抱きに収斂したと考えられる。

　なお，この際岡本（2001）が主張するように，母親はそれほど確信を持ち解釈を下しているようには思われない。事例2-2-1において，本研究で定義した「横抱きに対する抵抗行動」と同様の行動に対して，最初，母親は「ちょっと眠いからぐずりだしてます」といった解釈をしている。また，その後再び抵抗行動が示されると，縦抱きに変えるが，ここで「横抱きを嫌がっているから」といった強い確信に基づいて変えてるようには思われない。それは縦抱きにした結果ピタッと抵抗行動が収まるのをみながら，「これならいいんですか，これならいいんですか」と発言していることにも表れている。むしろ，母親は抱き変えた後の子どもの様子を伺うことによって，「横抱きを嫌がっていたのだ」と解釈している，もしくは解釈の確信を強めているようにもみえる。母子のやりとりとはこのような揺らぎを含んだゆるやかな調整によって進行しているように思われる。そしてそのような相互調整をしていくなかで横抱きから縦抱きへと移行するのではないだろうか。

　なお，2ケースについて行動データと言語報告に矛盾がみられたことから，今後データ収集法をより洗練する必要があるだろう。本研究では予備観察に基づき横抱きをしてもらう課題設定場面を15秒と設定したが，15秒という時間は，子の抵抗行動を生起するのに十分ではなかった可能性も考えられる。したがっ

て，今後課題場面を設定する際には，もう少し時間を長く設定した方が良いだろう。また，今回の課題設定場面の手続きを（縦抱き→横抱き→縦抱き→横抱き）といったように数回繰り返すことによって，より明確に横抱きに対する抵抗行動の生起の有無を確認する必要がある。また，今回，インタビューデータの収集を生後8カ月時点で行ったが，母親により正確かつ鮮明に語ってもらうためには，横抱きから縦抱きへの移行がみられた観察終了直後に行うべきだろう。

[「頸定」を契機とした縦抱きへの移行]　インタビューにおいて「首がすわる前に縦抱きをするのはたいへんだが，首がすわってからはむしろ縦抱きの方が楽であり，抱きやすく，片手が使えて便利である」といった母親の行為経済性に対する言及がみられたことから，「頸定」は，縦抱きへの移行に身体レベルで影響を与えていたと考えられる。有機体にとって，物理的環境と同様に他の有機体も重要な環境といえることから（Gibson, 1979 ; Reed, 1996），母子にとってお互いは重要な環境であるといえる。したがって，乳児の頸定という身体情報の変化は，母親が子を抱く中で知覚されるアフォーダンス（行為の機会）の変化といえるのではないだろうか。

それは，頸定と同時に縦抱きへと移行した母子は7例（43.75％）とそれほど多くなかったが，頸定以後に縦抱きへと移行した母子は，13例（81.25％）にものぼることにも示されている。頸定が縦抱きを生起させる誘因であれば，それらはより高い同時生起率を示すはずである。したがって，乳児の頸定といった身体情報が母親に縦抱きをする行為の機会を与えた（アフォードした）といえるだろう。

[文化を背景として創発する「抱き」形態]　本研究で明らかになった以上のような現象を文化的要因を考慮せずに，安易に他の文化圏に一般化することは，現象のより妥当な理解を妨げる危険性がある。文化的要因を考慮すると，発達の初期にはまず横抱きをすること自体，我が国の文化特有の習慣である可能性も十分考えられる。実際に，母親は知識によって縦抱きへの移行を行うことはないが，首がすわるまではできるだけ横抱きをするという知識は有し，意識していたことも，その解釈可能性を支持している。

したがって，本研究で示された横抱きから縦抱きへの抱き形態の変化は，我

が国における発達の初期には横抱きをするという文化的な背景の中で，創発された現象といえるかもしれない。今後，抱きという行為をより豊かに理解するために，他の文化圏において抱きの検討を行う等，比較文化的にアプローチする必要がある。

[DSAによって捉えた新たな「抱き」像]　従来の抱き研究では，一部縦断研究も行われているものの（Dagenbach, Harris, & Fitzgerald, 1988），ほとんどは横断的にアプローチしており，そこでは，子の能動的関与や身体情報の発達的変化が抱き形態に影響することで，抱き形態が変化していくといったダイナミックに抱きを捉える視点が欠落しており，抱きは，「型」としての固定的な捉え方しかされてこなかった。

　今回，抱き形態を事前にプランニングし，一方的に制御する「中枢」や「心臓の音」，「母性」と呼ばれるような何らかの抽象的な制御機構を仮定せず，DSAの基本原理や方法論に基づき，横抱きから縦抱きへの移行のプロセスを検討することで，母子システムとしてのダイナミックな抱きの姿を捉えることができた。そして，縦抱きの出現時期やそのプロセスは多様でありながらも，乳児の姿勢・行動発達を契機とした母子相互作用の結果，いずれの母子も横抱きから縦抱きへ移行することが示された。以上の議論を踏まえると，抱き形態は文化を背景とした，母子の身体を基盤とした相互作用を通じて自己組織化する★2
形で変化することが示唆されたといえる。

　なお，多くの母親の言及にみられたように，首がすわった以降は，縦抱きの方が抱きやすいため，横抱きに戻ることはなく縦抱きが維持されたのであろう。またこの縦抱きへの収束は「抱き」の一過程にすぎず，その後も乳児の発達的変化に伴い，左右正面といった抱く位置や，対面・非対面型等他の抱き形態へ自己組織化していくと予想される。したがって，縦抱き出現後に「抱き」がどのような形態へ収束していくかを捉えるために，さらなる縦断的検討を継続する必要がある。

　以上の議論の総括として，横抱き文化における母子の横抱きから縦抱きへの自己組織化的移行モデルを提示する（図2-2-3）。

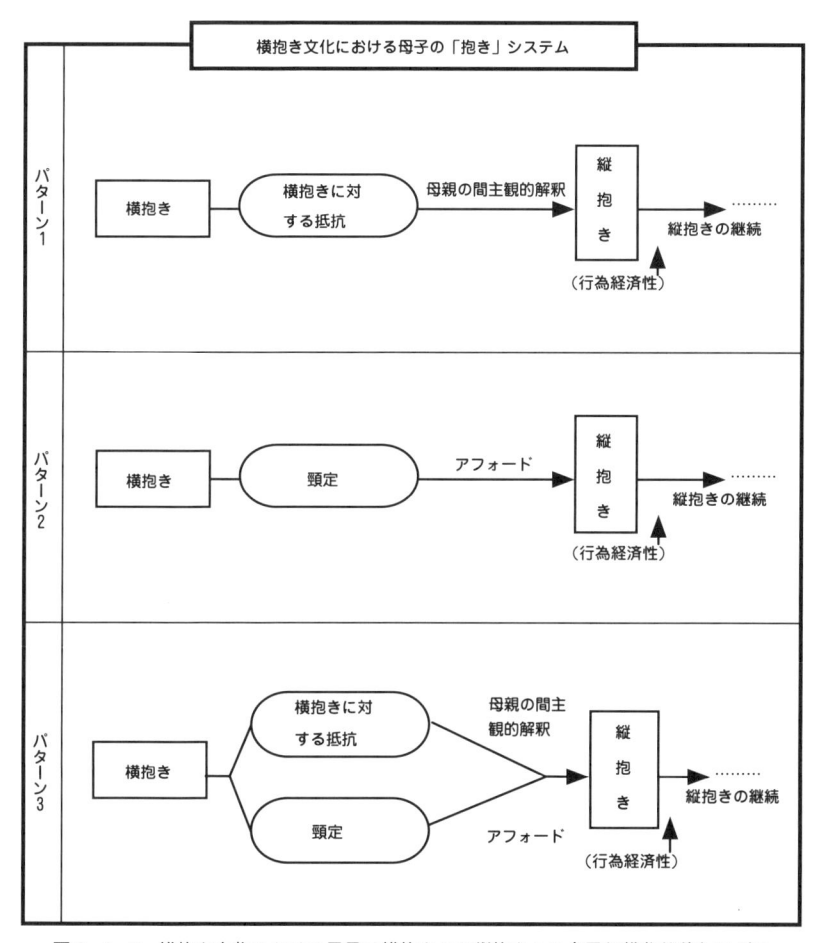

図2-2-3 横抱き文化における母子の横抱きから縦抱きへの自己組織化的移行モデル

　パターン1は，子が横抱きに対する抵抗行動をするようになると，母親は子が横抱きを嫌がっていると間主観的に解釈し，縦抱きへと移行する。その結果抵抗行動は収まり，それを契機として行為経済性が高い縦抱きへと収束する。
　パターン2は，頸定は母親に縦抱きをアフォードした(行為の機会を与えた)ことにより，縦抱きへ移行する。それは，頸定後は縦抱きの方が楽であるといった行為経済性と関連しており，その結果縦抱きへと収束する。

パターン3は，パターン1とパターン2の2つのプロセスが二重に機能することにより，縦抱きへと移行する。

そしてこれらのパターンにみられるようなプロセスは頸定前までは横抱きをするという日本の横抱き文化だからこそ発現した創発現象といえる。

本研究では，乳児の身長・体重といった身体的発達，姿勢発達の最初の指標である頸定，また通常抱き場面と縦横・左右反対に抱いてもらう課題設定場面における乳児の能動的関与行動の3側面に限定して検討を重ねてきた。その結果，本研究で対象とした16例の母子は全て3つのパターンのいずれかで理解可能なモデルを提起することができた。したがって，3側面に焦点化したことは妥当なものといえよう。しかし，今後検討を重ねるにつれ，このモデルに当てはまらない例も発見される可能性も考えられる。したがって，今後このモデルを継承（西條，2002c，2003a）することにより，より精緻化したモデルが提起されることが期待される。

横抱きに対する抵抗行動は何を意味しているのか？：姿勢発達における動機の重要性

次に縦抱き出現に強い影響力のあるコントロール・パラメータであった，乳児の「横抱きに対する抵抗行動」について考察する。横抱きに対する抵抗は，乳児が横抱きを嫌がる，もしくは縦抱きを好むといった志向性が，時に情動を伴い行動として表出したものといえるだろう。このことは乳児の姿勢発達に対し重要な示唆を与えていると考えられる。

従来の姿勢理論は大きく2つに大別できる。1つは，姿勢は重力に対して中枢神経系が反応する能力であり，姿勢発達は中枢神経系の成熟によるものだと考える伝統的な姿勢理論である（Magnus, 1925；Schaltenbrand, 1928；Weisz, 1938；Simon, 1953）。

他方最近では，姿勢発達の原因をすべて中枢神経系に還元する伝統的な発達理論に異を唱える形で提唱されているアクションシステム理論があげられる。そこでは，姿勢制御は運動系と知覚系を含む多様なプロセスが作用して，環境の変化や環境の特性に応じて姿勢を保持する，適応性と柔軟性を備えた統一体として捉えられている（Reed, 1982, 1989）。アクションシステム理論の推進

者の一人であるゴールドフィールド（Goldfield, 1993）は，外的環境により動機付けられることが少ない先天盲の乳幼児は，健常児と比較し位置移動能力の獲得が遅いこと（Adelson & Fraiberg, 1974）を引き合いに出しつつ，這行の出現には乳幼児が外界へ関わろうとする動機を引き出す知覚の発達が重要な要因となっている可能性を示唆している。

　本研究の結果から，このことは，姿勢発達理論にも当てはまると考えられる。本研究で乳児が縦抱きを志向したことは，乳児が母親との抱きシステムの中で，姿勢を制御し自ら座位に至ることができる以前に，完全に独力ではないにせよ，自らの意図によって姿勢を水平から垂直へ移行させることを意味している。それでは，なぜ乳児は縦抱きを志向するようになったのであろうか。事例2‐2‐1においても，子が横抱きに対する抵抗行動を示す前に，周囲を見渡すような様子が見られ，また縦抱きへと抱き変えられた後にも，周囲を見渡していたことから，これは視覚の発達に関連しているのかもしれない。

　生後数カ月には乳児の視覚は全ての点で大人とほぼ同じ程度になる（Bremner, 1994／1999）ことから，乳児の縦抱きの志向性は，視覚発達に伴いより広く外界を見渡すことができる垂直姿勢に対する志向性が強くなったため，自分の姿勢が垂直になる縦抱きを好むようになった可能性が考えられる。

　したがって，ある姿勢へ移行するために必要な能力が十分発達したために，その姿勢に移行できるといった能力面のみならず，乳児が外界を知覚しある姿勢になろうとする動機を持つからこそその姿勢へ移行するといった，乳児の内的側面が姿勢発達に果たす役割について検討していく必要がある。そのためにはゴールドフィールド（Goldfield, 1993）が主張したように，知覚－行動のカップリングによる発達研究が不可欠であり，今後の検討課題であろう。

　以上研究2は，抱きに，姿勢運動発達や子の自発的・能動的な行動とも密接に関連する可能性を示唆するものといえよう。次の研究3では，抱きの遠心的側面にあたる「離抱」現象の究明を進めていくが，その際にも，姿勢運動発達が影響している可能性を視野にいれ検討する必要があろう。

研究2 注

★1 これらの変数には2値のカテゴリカル・データも含まれるが，ここでは探索的にコントロール・パラメータを絞り込むためにステップワイズ回帰分析を援用した。
★2 複雑系の科学の中核を為す概念の1つ。局所的・一方的な制御主体による制御に依らず，下位システムにおける個々のエージェントの相互作用の結果，上位システムが，一定の方向へ変化，収斂していくこと。

研究 3

母子間の"離抱"に関する横断的研究
母子関係を捉える新概念の提唱とその探索的検討

問題

　研究1・研究2では，抱きの成立・維持の側面に焦点化し，抱きとは一方向的な母親行動ではなく，子どもも能動的に関与しており，母子の身体を基軸とした相互作用の結果，その形態を変化させていくことが明らかとなった。

　しかし，子どもが母親に抱かれなくなっていく過程は，心身ともに母子が自立・分離していく重要な遠心的側面に他ならない。そうした遠心的側面を扱うことにより，母子間の抱きという行為を，より立体的，全体的に捉えることが可能となると考えられる。菅野（2003）は，従来，「触れる」ことや「離れる」ことはその一面（触れることはポジティブ，離れることはネガティブというように）しか焦点が当てられなかったことを指摘している。根ヶ山（1995, 1998, 1999, 2002）が主張するように，子別れはたんに親子関係の希薄化ではなく，そこから描きうる母子関係像は，子育てから描かれる母子関係像と相補的関係にあり，両者を重ねることによって初めて母子関係の実像が立体的に見えてくるのである。

　本研究では，子が抱かれなくなっていく過程を"離抱"（りほう）と名づけ，心理学的に検討する。　なお，離抱は「抱き時間の減少」を具体的な変数としては扱うことになるが，それはたんなる抱き時間の消失過程という意味で捉えるものではない。上記のようにここでは離抱を親が子を抱かなくなる，あるいは子が抱かれたがらなくなるという相互の積極的な行動発現の結果として捉えたものであることに留意されたい。

　それでは，離抱はどのような要因の影響を受け促進されるのだろうか。おそらく，母子やそれを取り巻く多くの要因がこれに関連していると思われるが，言うまでもなく，すべての要因を検討することはできない。したがって，検討

要因をなんらかの側面に焦点化する必要があるだろう。研究1・研究2からは，乳児の頸定という身体要因の変化が，母親に縦抱きをする行為の機会を与えた（アフォードした）ため，抱き方が変化した可能性が示唆されている。また，研究2では，乳児の横抱きに対する抵抗行動が，横抱きから縦抱きへの移行の契機となっていることも示されている。

以上の2点は，母親は子の身体的・行動的発達要因と無関係に抱いているわけではないということを意味している。そして実際このような視点から，研究2では，急速に発達する乳児のいずれかの発達要因が，抱き形態の変化に影響を与えているという仮説に基づき，抱き形態の移行メカニズムを検討することにより，抱きが母子の身体を基盤とした相互作用を通じて自己組織化する形で変化するという新たな母子関係像が提示された。

したがって，本研究でも，乳幼児の発達的変化に付随し変動する諸要因が，離抱に影響を与えているという仮説に基づき検討する。そして，それらを切り口として，離抱に影響力をもつ可能性が考えられる主要な要因を，複数の側面から検討することとする。

第一に，研究1・研究2によって頸定といった姿勢発達が抱きの形態の変化に影響を与えるコントロール・パラメータとなっている可能性が示唆されていることから，姿勢運動発達が検討要因として挙げられる。なお，姿勢発達に伴う位置移動の出現は，それによって子どもが母親から物理的に離れうるという意味では子別れに直結する行動である（根ヶ山，1995）。したがって，本研究では，最初の姿勢発達の指標である頸定からヒトの基本的位置移動様式である歩行の出現に至るまでを検討し，離抱は姿勢運動発達ごとにどのような発達的傾向を示すのかを明らかにする。

第二に，子どもが大きくなると母親よりも父親に抱かれることが多くなる（Lockard, Daley, & Gunderson, 1979 ; Rheingold & Keene, 1965）ことや，母親の"抱き"形態には子どもの体の大きさや体重が影響する可能性が示唆されている（Dagenbach, Harris, & Fitzgerald, 1988 ; Lockard, Daley, & Gunderson, 1979 ; Rheingold & Keene, 1965）ことから，乳幼児の身長・体重といった身体発達要因が離抱に影響している可能性も検討する必要がある。

第三に，陳（2003）が「人工乳による哺乳によって母親でなくても可能とな

り，互いの身体の接触も排除可能となる」と述べているように，授乳が母乳によってなされる場合はなかば必然的に抱きの状態で授乳されるが，哺乳瓶を用い人工乳によって為される際には，必ずしも抱く必要がないことから，人工乳の導入により離抱が促進される可能性が考えられる。したがって，母乳・人工乳といった授乳形態が離抱に与える可能性も検討する。

第四に，子どもを抱いている時の，「抱きにくい」「重たい」といった抱きに対する母親の認知的要因が離抱に影響を与えている可能性も検討する。これは母親が座って抱いている状態（以下座位とする）と立って抱いている状態（以下立位とする）によって異なってくる可能性が考えられるので，座位・立位といったコンテクストを考慮しつつ検討する。

また，ボウルビィ（Bowlby, 1969/1976）がアタッチメント行動として，アタッチメント対象を子どもに引き寄せる効果をもつ信号の1つとして「子の泣き」を挙げている。したがって，第五に，抱きに対する要求行動としての泣きが，離抱の促進を妨げている可能性を検討する。なお，ここでいう「抱き方に対する要求行動」とは，「立って抱いている時に座ったとたん子が泣き出す」「抱っこしている時に他人と話し始めたとたん子が泣き出す」といったことを指す。

第六に，研究1では，抱きの成立時において，乳幼児が母親の身体や服の一部を摑む等によって能動的に関与している可能性が示唆されており，また腕を鳥のように広げてバランスを取るような行動，「バード行動」（西條，2000）も観察されている。さらに，研究2では，子どもの抵抗行動といった能動的関与が「横抱き」から「縦抱き」への抱き形態の移行に強い影響力をもつコントロール・パラメータであることが示唆されていることから，抱かれている際の乳幼児の能動的関与行動との関連も検討する必要がある。具体的には「母親の身体（服）の一部を手でつかむ」・「抱っこから降りたがる」・「母親の身体を脚で抱え込んでくる」といった項目について調査した。なお，研究1では，座位・立位といった「抱いている母親の姿勢状態」によって，乳幼児が母親の身体や服の一部を摑むといった能動的関与行動の生起率が異なることが示唆されていることから，座位・立位といった母親の姿勢を考慮しつつ検討する。

なお，本研究における「抱き」とは，子が母親の身体に体重をあずけ支えられている状態（行為）を指すこととする。したがって，ここではおんぶ抱きも

抱きに含めた。これらは，母子が触れ合い，子が母親に身体的に依存している点，それに伴い心理的にも密接した関係にある点，運命共同体ともいうべき単一システムとして移動する点など，通常の抱きと多くの共通点が見られる。

　以上を踏まえ，本研究は離抱という新概念を基軸とした最初の発達研究であることから，離抱の概観を把握することを目的とする。したがって，(1)質問紙による横断的調査により，抱く時間がどのように減少していくかを調査することで，歩行の出現に至るまでの全般的な離抱の様相を明らかにする，(2)乳幼児の発達と共変動する諸要因を切り口として，離抱に影響力をもつと考えられる要因を複数の側面から検討することで，離抱に影響力のあるコントロールパラメータを絞り込む。さらに本研究では，これらに加えて(3)離抱に影響を与えていると想定される乳幼児の能動的関与行動が姿勢運動発達段階ごとにどのような発達的傾向を示すかを検討する。なぜならば，先述したように，研究2によって，乳幼児の能動的関与は抱き形態の変化の重要な契機となっていることが示されているからである。

方法

［調査時期］　1999年11月から2000年2月にかけて質問紙調査を実施した。

［調査対象とデータ収集の手続き］　生後1カ月〜13カ月の第一子をもつ母親300名を対象とし，郵送法により，277名のデータを回収した（回収率92.3%）。さらに，質問紙を保育関係者から保護者に直接渡し，回収してもらう方法で24名のデータを回収した。その後，有効回答の得られなかった（抱いている時間に関する質問に回答していない）3名のデータを除外し，計298名（男150名，女148名）のデータを分析対象とした。

　分析対象となった母親の平均年齢は30.7歳（標準偏差3.67）であった。就労形態は専業主婦238名（79.9%），常勤35名（11.8%），パート勤務7名（2.3%），その他18名（6.0%）であった。記入対象となった子どもの各月齢における人数は，1カ月児11名，2カ月児29名，3カ月児26名，4カ月児25名，5カ月児24名，6カ月児26名，7カ月児26名，8カ月児20名，9カ月児20名，10カ月児23名，11カ月児33名，12カ月児22名，13カ月児13名であった。

［質問項目］　以下の質問はすべて回答する直前の1週間に限定するものとして質問した。子どもの姿勢運動発達は，[1．首がすわってない，2．やや首がすわり始めた，3．首がすわっている，4．独りでお座りできる，5．お腹をつけてハイハイできる，6．お腹を離してハイハイできる，7．膝を離してハイハイできる，8．つかまり立ちすることができる，9．短い間独りで立つことができる，10．十分独りで立つことができる，11．短い時間なら歩ける，12．十分に独りで歩ける]の中であてはまるものをすべて選択させた。なお，分析の段階では選択した数字の中で，最も大きいものを採用した。

そして西條と根ヶ山（2001）を参考にしつつ，それぞれのカテゴリーを①首がすわってない，②やや首がすわりはじめた，は，「未頸定」として，③首がすわっている，は「頸定」として，④独りでお座りできる，は「座位」として，⑤お腹を付けてハイハイできる，⑥お腹を離してハイハイできる，⑦膝を離してハイハイできる，⑧つかまり立ちすることができる，は「這行」として，⑨短い間独りで立つことができる，⑩十分独りで立つことができる，は「直立」として，⑪短い時間なら歩ける，⑫十分に独りで歩ける，は「歩行」として6段階に発達段階を分類した。その結果，各姿勢運動発達段階における人数は，未頸定段階54名，頸定段階67名，座位段階29名，這行段階72名，直立段階28名，歩行段階48名となった。

また，身長，体重の記入を求めた。授乳形態は，①母乳，②混合，③人工乳，④あげてない，の4つから選択してもらった。抱いている時間は，ここ1週間に1日平均でどのくらいの時間抱いたかを，授乳による抱っこ・それ以外の抱っこ・おんぶのそれぞれにおいて調査した。本来直接時間を記入してもらう方法が望ましかったが，予備調査の段階において，記入直前の1週間における1日の平均抱き時間を答える質問に対して，記入方式では母親が正確な回答をすることがむずかしく1～2時間といったような書き方をすることが多くみられたため，①0分，②30分以下，③30分～1時間，④1時間～2時間，⑤2時間～3時間，⑥3～6時間，⑦6～9時間，⑧9～12時間，⑨12時間以上，から選択させ，分析の段階で各カテゴリーに示された時間の平均を用い連続量とすることとした。なお，12時間以上という回答はみられなかった。「立って抱いている時に座ったとたん子が泣き出す」，「抱っこしているときに他人と話し始

めたとたん子が泣き出す」といった抱きに対する要求行動は，①まったくない，②少しある，③まあまあある，④頻繁にある，のいずれかを選択してもらった。

さらに，抱いている時の子の様子，抱いた時に感じる感覚，子の行動について，立って抱いている時（立位），座って抱いている時（座位）のそれぞれにおいて質問した。なお，お腹がすいていたり，おしめが濡れている等で特に機嫌が悪い時，睡眠時は除外して回答してもらった。抱いている時の子のようすとしては［体を動かす－じっとしている］，抱いた時に感じる感覚としては［抱きやすい－抱きにくい］，［しっくりくる－しっくりこない］，［軽く感じる－重く感じる］であり，それらは中央線を境界に，左右の両端になるほど"非常にそうである"として直線上に縦に線を引いてもらった。分析の際には，データの微妙な変化も捉えることが可能なように，それを－10～10までの21段階に分類することとした。

抱いている際の子の行動は，①母親の身体（服）の一部を手でつかむ，②抱っこから降りたがる，③母親の身体を脚で抱え込んでくる，の３つであったが，③は座位では子が抱きをサポートする「抱かれ行動」の機能を果たさないため（西條・根ヶ山, 2001），立位のみ回答を求めた。それらは，"まったくない"から"非常にある"までの間で直線上に縦に線を引いてもらい，それを０から20までの21段階に分類した。なお，分析に用いられた変数に欠損値が含まれた場合，その分析においてはその欠損値は除外して分析した。

以上をまとめると，本研究で検討する離抱の影響要因は，①乳幼児の姿勢運動発達，②身長，③体重，④授乳形態，⑤抱っこから降りたがる行動（以下，抱降行動とする），⑥抱かれている時に体を動かす（以下，体動行動とする）⑦手で掴む，⑧抱いたときに感じる抱きやすさ，⑨抱いたときに感じるしっくり感，⑩抱いたときに感じる重たさ（以下，重感とする）であり，⑤～⑩は立位と座位の２種類あるため，全検討項目は16変数であった。

なお，月齢を離抱への説明変数として採用しなかった理由は以下の２点による。第一に，「離抱」という概念には，月齢が上がるにつれ抱かれなくなっていくことを暗黙裡に仮定していることから，月齢を離抱の説明要因として加えることによって，トートロジー的な分析に終始することを回避するためである。第二に，本研究が，月齢の上昇とともに離抱が促進するよう，子や母親の本能

に生得的にプログラムされているといった仮説に基づくものであれば，月齢を含めた分析をする意義もあるかもしれないが，本研究では，むしろそのようなスタンスでは離抱の内実を検討することはできないと考えたためである。

例えば，長い間姿勢運動発達は生物学的にプログラムされている神経成熟によるものだと説明されていた（Magnus, 1925；Schaltenbrand, 1928；Weisz, 1938；Simon, 1953）。しかし，これは神経成熟といった一見もっともらしい要因をブラックボックスに仮定し，それに説明原理を還元してしまっており，心理学的に説明したことにはならないことがわかるだろう。抱きにおいても月齢を説明要因としてしまえば，結論として上記のブラックボックスへの還元に至るのは目に見えている。したがって，このような事態を避けるために本研究では，月齢要因は検討要因に含めないこととした。

［数量化Ⅰ類によるモデル化］　抱き時間に影響を与えている可能性のある変数を特定するために，多変量解析を用いた。その際に，21段階に分類した各変数は，それらのデータが正規分布しておらず非線形的な振る舞いがみてとれたため，説明変数をカテゴリー変数に変換した方がより適切にデータの振る舞いを拾うことができる（渡部，1988）と考え，数量化Ⅰ類を用いることとした。

各変数を構成する数値におけるパーセンテージを基準とし，10％未満，25％未満，50％未満，75％未満，90％未満，90％以上のそれぞれを境界に6段階に分類した。なお，各境界における数値が前後の境界の数値と同一であった（変わらなかった）場合は，それらは同じ段階に分類したため，いくつかの変数は4・5段階に分類された。そして数量化Ⅰ類を行なう前に，カテゴリー化した各変数の相関係数を算出し，その中で，抱き時間と相関の高いものを数量化Ⅰ類の検討項目とした。それらの項目を説明変数とし，自由度調整済み重相関係数を基準として探索的にモデル化を行なった。

結果

全抱き時間と，授乳による抱き，通常の抱き，おんぶ抱きそれぞれの抱き時間の平均値を示す（図2-3-1）。視察すると，姿勢運動発達に伴い全抱き時

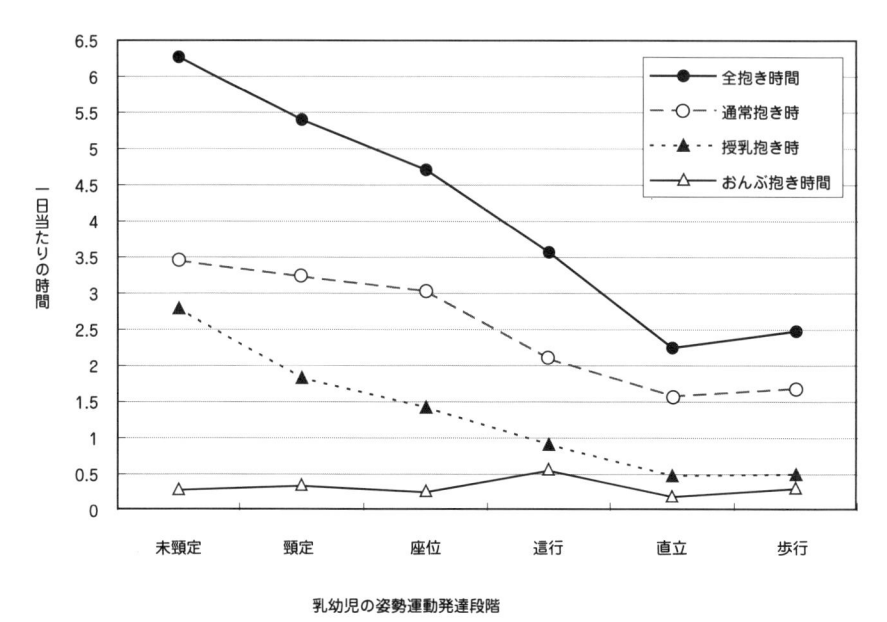

図 2-3-1　各姿勢運動発達段階における一日の平均抱き時間

注）それぞれの値は平均値であるため，原則的には棒グラフで提示すべきだが，おおまかな離抱傾向を掴むという本研究の目的からすると，読み取りにくいものになったため，便宜上折れ線グラフを採用した。

間が徐々に減少している様相を示していることがわかる。

　抱き時間のそれぞれに対して，姿勢運動発達の１要因，６水準の分散分析を行なった結果，授乳時の抱き（$F_{(5,292)}=44.03$, $p<.0001$），通常時の抱き（$F_{(5,292)}=8.24$, $p<.0001$），おんぶ抱き（$F_{(5,292)}=8.24$, $p<.0001$）とそれぞれ有意であった。また，それぞれにフィッシャーの PLSD により下位検定を行なった（表 2-3-1）。このことから授乳時の抱きは運動発達とともにしだいに減少していくこと，通常時の抱きは座位－這行間で有意に減少するということ，おんぶ抱きは這行段階で多いことがわかる。

表2-3-1 姿勢発達段階ごとの各抱き時間に対して行なった
PLSD法による多重比較の結果

(1)授乳抱き時間

	未頸定	頸定	座位	這行	直立	歩行
未頸定						
頸定	***					
座位	***	†				
這行	***	***	**			
直立	***	***	***	**		
歩行	***	***	***	**		

(2)通常抱き時間

	未頸定	頸定	座位	這行	直立	歩行
未頸定						
頸定						
座位						
這行	***	***	*			
直立	***	***	**			
歩行	***	***	**			

(3)おんぶ抱き時間

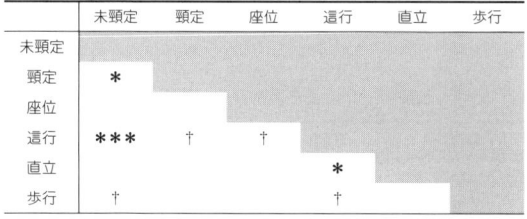

	未頸定	頸定	座位	這行	直立	歩行
未頸定						
頸定	*					
座位						
這行	***	†	†			
直立				*		
歩行	†			†		

(注) ***$p<.001$ **$p<.01$ *$p<.05$ †$p<.10$

　全抱き時間の減少がどのような変数により影響を受けているのかを検討するために，全抱き時間を従属変数として数量化Ⅰ類を適用したところ，姿勢運動発達，身長，体重，授乳形態，立位における体動行動，立位における抱降行動，座位における抱降行動，座位における体動行動の順に強い影響を与えていることが示された（表2-3-2）。なお，座位における体動行動は有意ではなかった。このモデルの説明率は33.1%であった。

表2-3-2 数量化一類による全抱き時間のモデル

説明変数	範囲	偏相関係数	p値
姿勢運動発達	3.322	0.375	$p<0.000$
身長	2.682	0.240	$p<0.000$
体重	1.967	0.222	$p<0.000$
授乳形態	1.346	0.225	$p<0.000$
体動（立位）	1.109	0.137	$p<0.028$
抱降（立位）	1.070	0.104	$p<0.097$
抱降（座位）	1.040	0.112	$p<0.074$
体動（座位）	0.714	0.101	$p<0.108$

自由度調整済み重決定係数＝0.331　$p<0.001$

次に授乳による抱き，通常の抱き，おんぶ抱きのそれぞれに，全抱き時間に対して用いた変数と同様の変数によって数量化Ⅰ類を適用した。

その結果，通常抱き時間に対しては，姿勢運動発達，体重，身長，立位における抱降行動，座位における体動行動，座位における抱降行動の順に影響を与えていることがわかった（表2-3-3）。なお，このモデルの説明率は20.1%であった。

表2-3-3 数量化一類による通常抱き時間のモデル

説明変数	範囲	偏相関係数	p値
姿勢運動発達	2.199	0.325	$p<0.000$
体重	1.868	0.246	$p<0.000$
身長	1.829	0.233	$p<0.000$
抱降（立位）	0.792	0.101	$p<0.105$
体動（座位）	0.744	0.139	$p<0.025$
抱降（座位）	0.614	0.199	$p<0.055$

自由度調整済み重決定係数＝0.201　$p<0.001$

授乳時の時間に対しては，姿勢運動発達，身長，授乳形態，座位における抱降行動の順に影響を与えていることがわかった（表2-3-4）。このモデルの説明率は52.8%であった。

表2-3-4　数量化一類による授乳抱き時間のモデル

説明変数	範囲	偏相関係数	p値
姿勢運動発達	1.169	0.376	$p<0.000$
身長	1.096	0.285	$p<0.000$
授乳形態	0.860	0.386	$p<0.000$
抱降（座位）	0.530	0.196	$p<0.001$

自由度調整済み重決定係数＝0.528　$p<0.001$

おんぶ抱き時間に対しては，立位における体動行動，座位における抱降行動，姿勢運動発達，授乳形態，立位における抱降行動，座位における体動行動，身長，体重の順に影響を与えていることがわかった（表2-3-5）。このモデルの説明率は13.0％であった。

表2-3-5　数量化一類によるおんぶ抱き時間のモデル

説明変数	範囲	偏相関係数	p値
体動（立位）	0.490	0.163	$p<0.009$
抱降（座位）	0.429	0.154	$p<0.014$
姿勢運動発達	0.388	0.180	$p<0.004$
授乳形態	0.352	0.132	$p<0.035$
抱降（立位）	0.324	0.117	$p<0.061$
体動（座位）	0.322	0.145	$p<0.020$
身長	0.306	0.115	$p<0.067$
体重	0.289	0.154	$p<0.014$

自由度調整済み重決定係数＝0.130　$p<0.001$

なお，各モデルについて多重共線性の可能性を検討するため，各カテゴリースコアに基づいて説明変数間の相関係数を算出した。その結果，おおむね中程度～低い相関であり，多重共線性の可能性が強く疑われると考えられる0.8以上の相関はいずれにおいてもみられなかった。ただし，いうまでもなく，この結果は，完全に説明変数間の独立性が認められたことを意味するものではない。

したがって，理論的考察によって，あるいはレンジの低いものをモデルから削除するという方法も考えられたが，そのような方法は採らなかった。なぜなら，本研究は離抱という現象に焦点化した最初の研究であるため，理論的考察による変数削減は困難であり，また，寄与率の低い説明変数を削減することに

より，今後の発展性を狭めてしまうよりは，寄与率は少ないにしても，有意に関係していることが示されたものは残してモデル化した方が，今後の研究に有効だと判断したためである。また本研究では，乳幼児の発達要因に焦点化し，説明変数を選択していることから，説明変数間にある程度の相関があることは，やむを得ないこととも言える。

しかし，以上のような理由があるにせよ，相互に関連のある複数の説明変数が1つのモデルに組み込まれていることによって，モデルの説明率が高まっている可能性があるため，この点に留意し，示された説明率よりも低めに解釈する必要があるだろう。

次に，子の能動的関与行動である抱降行動と体動行動に焦点化して検討した。まず，3つの各抱き時間に対して影響を与えていた子の抱降行動を立位と座位にわけ，姿勢運動発達段階ごとにその発達的推移を示す（図2-3-2）。

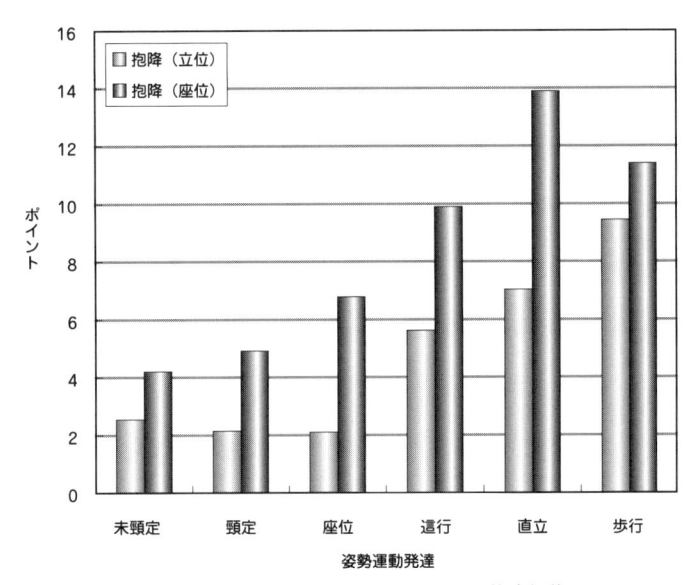

図2-3-2　各姿勢運動発達段階における抱降行動
注）縦軸のポイントとは21段階化された際のポイントを指す。

立位と座位のそれぞれの抱降行動に対して，姿勢運動発達の1要因，6水準の分散分析を行なった結果，立位（$F_{(5,291)}=16.70$, $p<.0001$），座位（$F_{(5,292)}=16.45$, $p<.0001$）とそれぞれ有意であった。さらに，それぞれにフィッシャーの PLSD により下位検定を行なった（表2-3-6）。これにより立位，座位の抱降行動の双方とも這行の出現とともにその行動の頻度が有意に上昇していることがわかる。

表2-3-6　姿勢発達段階ごと抱降行動に対して行なった PLSD 法による多重比較の結果

(1)立位

	未頸定	頸定	座位	這行	直立	歩行
未頸定						
頸定						
座位						
這行	**	***	**			
直立	***	***	***			
歩行	***	***	***	***	*	

(2)座位

	未頸定	頸定	座位	這行	直立	歩行
未頸定						
頸定						
座位						
這行	***	***	*			
直立	***	***	***	*		
歩行	***	***	**			

***$p<.001$　**$p<.01$　*$p<.05$　†$p<.10$

次に各抱き時間に対して影響を与えていた子の体動行動を立位と座位にわけ，姿勢運動発達段階ごとにその発達的推移を示す（図2-3-3）。

立位と座位のそれぞれの体動行動に対して，姿勢運動発達の1要因，6水準の分散分析を行なった結果，立位（$F_{(5,290)}=3.64$, $p<.005$），座位（$F_{(5,288)}=7.13$, $p<.0001$）とそれぞれ有意であった。また，それぞれの下位検定を行なった結果を示す（表2-3-7）。これにより立位，座位の体動行動の双方とも頸定とともにその行動の頻度が有意に上昇し，その後安定した様相を示していることがわかる。

2章 抱きの人間科学的研究

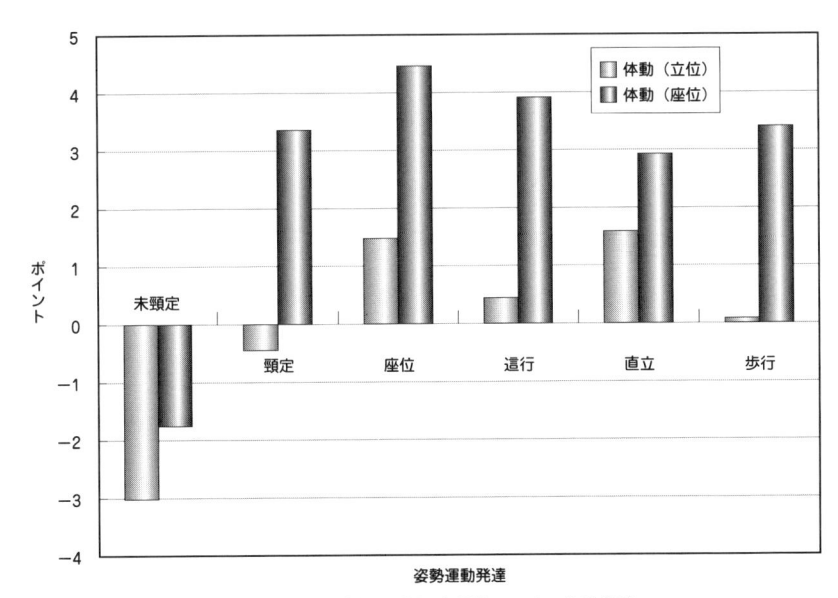

図2-3-3 各姿勢運動発達段階における体動行動
注) 縦軸のポイントとは21段階化された際のポイントを指す。

表2-3-7 姿勢発達段階ごとの体動行動に対して行なったPLSD法による多重比較の結果

(1)立位

	未頸定	頸定	座位	這行	直立	歩行
未頸定						
頸定	*					
座位	**					
這行	**					
直立	**					
歩行	**					

(2)座位

	未頸定	頸定	座位	這行	直立	歩行
未頸定						
頸定	***					
座位	***					
這行	***					
直立	**					
歩行	***					

***$p<.001$ **$p<.01$ *$p<.05$ †$p<.10$

考察

　本研究の目的は歩行出現までの全般的な離抱の様相を記述し，また離抱への影響要因を絞り込むことであった。この結果，抱く時間は徐々に減少していき，抱き時間には子の姿勢運動発達，身長，体重，また抱きに伴う抱降行動，体動行動，授乳形態などが影響を与えていることが明らかとなった。この結果から，全般的には，離抱は母親の抱きにくい，重たいといった認知によるものというよりは，身体レベルでの相互作用の結果，促進されるものであることが示唆されたといえよう。以下授乳時の抱き，通常時の抱き，おんぶ抱きのそれぞれに焦点化しつつ，考察を進める。

通常抱き

　通常時の抱きには，姿勢運動発達や身長，抱降行動，体動行動といった乳児の発達要因が影響を与えていることが明らかとなった。特に，通常抱きの時間が座位から這行にかけて有意に減少していると同時に，その時期にかけて立位・座位条件ともに，抱降行動が有意に増加している点は興味深い。位置移動行動の出現は，モノに対する到達行動を1つの契機としている（Goldfield, 1989）。またゴールドフィールド（1993）は，外的環境によりあまり動機づけることができない先天盲の乳幼児は，健常児と比較して位置移動能力の獲得が遅いことを引き合いに出しつつ（Adelson & Fraiberg, 1974），這行の出現には，乳幼児が外界へ関わろうとする動機を引き出す知覚の発達が重要な要因となっている可能性を示唆している。これらのことから，知覚発達やそれに関連する姿勢運動発達に伴い，子が外界へ自立的に関わろうとしたため，抱降行動が生起し，離抱が促進されたという構造を，今後検討すべき仮説として立てることも可能だろう。

体動行動の意味

　また，離抱に影響を与えていた体動行動は，乳児の頸定段階において，有意に増加した。子が体を動かすことは，抱いている母親の負荷を増大させること

になるため，しだいに抱き時間が減少するという可能性が考えられる。また，研究1において，頸定の時期と同期して，「頭部や胴体を垂直に起こそうとする」「手足をばたつかせる」「全身をくねらせる」といった子の横抱きに対する抵抗行動が急増することが示されていることから，体動行動は子の横抱きに対する抵抗行動を意味している可能性も考えられる。

しかし，通常抱きの影響要因における全体の説明率は授乳抱きと比較すればけっして高くはなかった。したがって，離抱に関しては今後の検討すべき要因が多く残っていると考えられるが，それについては後述する。

授乳抱き

授乳時の抱き時間は，姿勢運動発達，身長，授乳形態，座位における抱降行動の4つの変数によって，他の抱きと比較して最もよく説明されていた。授乳抱きには，やはり授乳形態が強い影響を与えていることがわかるが，それでもなお，姿勢運動発達や身長，抱降行動といった乳幼児の発達要因も強く影響していることがわかった。また，授乳中の抱きには授乳形態やそれに伴う離乳も深く関連していたことから，母子の抱きシステムの遠心的側面である離抱は，離乳をも包括し，母子関係や子の自立の問題を基底的に枠づけうる重要な現象であることが示されたといえよう。そして，このことがヒトにおいて実証データに基づき示されたことは発達行動学的観点からも意味のあることといえよう。

おんぶ抱き

おんぶ抱きは，全体としてその割合は少なかったが，やはり子の発達要因の影響を受けているということがわかった。おんぶ抱きは，まず頸定とともにみられるようになり，這行段階においてピークに達する。おんぶ抱きに強い影響を与えていたのが立位における体動行動，座位における抱降行動であったことを踏まえると，子は這行が可能となると，抱きを拒否するようになり，自立的に外界に関わるようになるという構造を想定することも可能である。

また，他の解釈可能性として母親の戦略的側面から考えることも可能である。ヒトの育児においては，親子間に積極的に「モノ」を導入し，介在させる（根ヶ山，1998，2000，2002）という視点から考えれば，本研究で対象とした発達

段階（〜13ヵ月）の子どもをおんぶする際には，他の抱き形態の場合とは異なり，「おんぶヒモ」といった抱きをサポートする育児用具が必要となることがわかる。そして，先述したように，這行段階においてピークに達するおんぶ抱きに強い影響を与えているのが立位における体動行動，座位における抱降行動である。これらの行動がこの知覚・運動発達に伴う外界への探索志向の強さを示しているとするならば，「分離・個体化説」(Mahler, Pine, & Bergman, 1975/2001)の分化期にあたるこの時期には，這行に付随した母子分離の促進に伴い，子の危険の増大も意味するためと考えられる。そのため，母親は子の安全を確保しながら，家事等をこなすために戦略としておんぶ抱きを用いている可能性も考えられる。子の発達要因に焦点化し検討した本研究のおんぶ抱きのモデルの説明率は，13.0％と他の抱きよりも比較的低かった。したがって，今後はこの母親の戦略的側面に関連する要因が，離抱に影響している可能性を念頭に置いて，検討していく必要があるといえよう。

システムとしての抱き

以上のことを踏まえると，離抱は子主導で起こると考えられるかもしれないが，「子主導／親主導」といった二項対立的な視点から離抱（母子関係）を捉えるのは適切ではないだろう。研究1でも，このような二元論的枠組みに基づく制御の枠組みを放棄し，有機体にとって，物理的環境と同様に他の有機体も重要な環境といえる（Gibson, 1979；Reed, 1996）ことを踏まえ，乳児の頸定といった身体情報が母親に縦抱きをする行為の機会を与えた（アフォードした）可能性を示唆している。これは，抱きとは一方的な「母親行動」かのように捉えられてきた従来の一面的な捉え方に一石を投じたものといえよう。

本研究においても，子の身長・体重といった物理的発達要因が離抱に影響を与えていたことが示されたことから，子の身体的発達要因が母親の「抱かない」という行為をアフォードしたと解釈することも可能だろう。また，抱降行動などの子の能動的関与が離抱に影響を与えていたことは，離抱とは養育者主導による一方向的な行為ではないことを示すものに他ならない。したがって，今後も離抱を，母子のいずれかのみに還元して捉えるのではなく，母子の相互作用を前提としたシステムとして捉える必要があろう。

研究4に向けて

 1章で概説した横断研究の限界を踏まえれば，今後は縦断的に離抱を究明していく必要がある。ただし，その際も西條と清水（2003）が主張しているように，「発達現象の多くは段階的・質的に移行したり，急激に発達したり，時には退行したりといった非線形的な様相を示し，集団の相関や平均値に基づくデータでは，たとえ縦断的に取ったものであろうとも，このような個々の多様な発達プロセスは捉えられない」ことを忘れてはならない。

 したがって，次に研究4では，ＤＳＡ（Smith & Thelen, 1993；西條, 2002a；Thelen & Smith, 1994, 1998）に基づいた研究を行なう。離抱とは個々の母子システムにおける現象に他ならないことから，個々の発達軌跡を単位とするＤＳＡの枠組みに基づく縦断研究によって，多様な離抱過程を記述した上で，離抱のメカニズムを明らかにすることができる可能性がある。

研究 4

母子間の"離抱"に関する縦断的研究
ダイナミック・システムズ・アプローチの適用

問題

　研究3では，母親が自分の子どもを次第に抱かなくなっていく発達的過程を「離抱」と名づけて検討し，その概要を明らかにした。1～13ヵ月の乳幼児をもつ母親たちを対象とした質問紙調査を行ない，抱き時間や乳幼児の発達に関する情報が集められた。その結果，未頸定段階に6時間以上あった抱き時間は，歩行段階には2.5時間へと減少していくことが明らかとなった。さらに，乳児の発達的側面から，離抱に影響を与える要因を検討した。その結果，①姿勢運動発達，②身長，③体重，④授乳形態，⑤子の体を動かす行動，⑥子の抱きから降りたがる行動が影響を与えていることが示された。それを踏まえ，親性投資，システム論的観点等から離抱に対する考察がなされた。最後に，今後縦断研究，ダイナミック・システムズ・アプローチといった観点から検討する必要性が示唆された。

　繰り返し確認してきたように，「発達現象の多くは段階的・質的に移行したり，急激に発達したり，時には退行したりといった非線形的な様相を示し，集団の相関や平均値に基づくデータでは，たとえ縦断的にとったものであろうとも，このような個々の多様な発達プロセスは捉えられない」(西條・清水, 2003)のである。離抱とは個々の母子システムにおける現象に他ならないことから，個々の発達軌跡を単位とするDSAの枠組みに基づく縦断研究によって，多様な離抱過程を記述した上で，そのプロセスの一端を明らかにすることができる可能性がある。したがって，ここでは離抱を個々の多様なプロセスとしてとらえるためにDSA (Smith & Thelen, 1993；西條, 2002a；Thelen & Smith, 1994, 1998) を適用する。

　離抱にはやはり母子やそれを取り巻く多くの要因がこれに関連していると思

われるが，すべての要因を検討することはできない。また，縦断的調査を継続するためには，1回につき多数の項目を調査することは避けねばならない。なぜなら対象者に過度な負担を与えることによって，縦断調査の継続が困難になると考えられるからだ。西條と清水（2003）は，科学的発達研究を再考する中で，「発達現象を『変化』として捉えようとすれば，より密度の高い時系列データによって発達の非線形性を考慮することが必要になる」と指摘し，科学的な縦断データの条件の1つとして，時系列点の密度の高さを挙げている。したがって，縦断データの密度や観測期間を重視するならば，検討要因をかなり絞り込む必要がある。

　研究1〜研究3によって母親は子の身体的・行動的発達要因と無関係に抱いているわけではないことが明らかにされてきた。したがって，本研究でも，乳幼児の発達的変化に付随し変動する諸要因が，離抱に影響を与えているという仮説に基づき検討する。そして，それらを切り口として，離抱に影響力をもつ可能性が考えられる主要な要因を，複数の側面から検討することとする。

　研究3からは，姿勢運動発達が離抱に最も強い影響を与えていることも示されている。やはり姿勢発達に伴う位置移動の出現は，それによって子どもが母親から物理的に離れうるという意味では子別れに直結する行動である（根ヶ山, 1995）。したがって，第一に姿勢運動発達の検討は欠かすことができないだろう。

　第二に，身長，体重という身体要因の変化が，母親に「抱かない」という行為の機会を与えた（アフォードした）ため，離抱が促進された可能性が示唆されていることから，乳幼児の身長・体重といった身体発達要因が離抱に影響している可能性も検討する必要がある。

　第三に，母親が子どもを抱いている時の，「抱きにくい」「重たい」といった抱きに対する認知的要因を検討する。これは母親にリアルに想起してもらうために実際に数分間抱きをしてもらってから，記録してもらうこととした。

　また，研究3では「子の泣き」に関連した要因は離抱に影響を与えていない可能性が示唆されたものの，それはあくまでも横断的研究の結果であることから，第四に改めて抱きに対する要求行動としての泣きが，離抱の促進を妨げている可能性を検討することとしたい。

なお，研究3では，最初の姿勢発達の指標である頸定からヒトの基本的位置移動様式である歩行の出現に至るまで（1〜13ヶ月）に焦点化，検討した。しかし，その後の歩行段階においても依然として平均2.5時間の抱き時間があることが確認されたため，それ以降の時期も検討する必要がある。したがって本研究では最長で生後40ヶ月まで縦断的調査を継続することとする。

目的

本研究の目的は，大きく分けて3つである。第一に，本研究は縦断研究ではあるが，離抱という新概念を基軸とした第2の発達研究であることから，先述した検討項目を視点として，母親の抱く時間がどのように減少していくかを調査することで，最長40ヶ月に至るまでの全般的な離抱の様相を明らかにすることである。第二に，乳幼児の発達と共変動する諸要因を切り口として，個々の離抱過程に基づき，離抱に影響力をもつと考えられる要因を複数の側面から検討することで，離抱に影響力のあるコントロール・パラメータを絞り込むことを目的とする。また，調査頻度の高い縦断データを継続するために検討要因を限定したとはいえ，研究3で影響していることが示唆された「子の抱降行動」や「体動行動」といった行動要因が検討されていないことを考慮する必要がある。したがって，本研究は今後の離抱研究に継承可能な予備的モデルを提起する探索型縦断研究に位置づけ，今後の離抱研究の発展につながるよう検討課題を浮き彫りにすることも第三の目的とする。

方法

調査時期

[調査対象とデータ収集の手続き]　抱き時間調査開始時，生後1カ月〜3カ月の子をもつ母親21名を対象とし，1999年8月〜2002年11月にかけて毎月1回の頻度で縦断的に質問紙調査を実施した。有効回答の得られなかった（抱いている時間に関する質問に回答していない）データを除外した結果，各人最小13ヶ月〜最大40ヶ月に至るまで計487回のデータを得た。記入対象となった子どもの継

続月齢とその人数は，40ヶ月齢まで継続したのは6名，15ヶ月までが4名，37ヶ月が2名，その他38ヶ月，33ヶ月，29ヶ月，28ヶ月，23ヶ月，20ヶ月，18ヶ月，16ヶ月，13ヶ月まで継続したのが各1名であった。分析対象となった母親の就労形態は専業主婦19名，常勤1名であった。研究目的と内容について詳細な説明を行ない，調査は母親が希望した時点で即時にやめることができる旨を中心としたインフォームド・コンセントを得た。

［質問項目］　抱いている時間は，ここ1週間に1日平均でどのくらいの時間抱いたかを，授乳による抱き・それ以外の抱き・おんぶのそれぞれにおいて直接記入してもらった。子どもの姿勢運動発達は，観察により確認されたものも含め，①首がすわってない，②やや首がすわり始めた，③首がすわっている，④独りでお座りできる，⑤お腹をつけてハイハイできる，⑥お腹を離してハイハイできる，⑦膝を離してハイハイできる，⑧つかまり立ちすることができる，⑨5～10秒間独りで立つことができる，⑩10秒以上独りで立つことができる，⑪5歩以内なら独りで歩ける，⑫十分に独りで歩ける，の中であてはまるものを選択させた。なお分析に際し，選択した数字の中で，最も大きいものを採用した。

そして研究1・研究3にならい，それぞれのカテゴリを，①～②は「未頸定」として，③～④は「座位」として，⑤～⑧は「這行」として，⑨～⑫は「歩行」として6段階に発達段階を分類した。統計処理の段階では，この6段階を名義変数として用いた。

また，身長，体重を測定・記入した。「立って抱いている時に座ったとたん子が泣き出す」「抱っこしている時に他人と話し始めたとたん子が泣き出す」といった抱きに対する要求行動は，①まったくない，②少しある，③まあまあある，④頻繁にある，のいずれかを選択してもらった。

さらに，抱いた時に感じる感覚について質問した。抱いた時に感じる感覚としては「抱きやすい－抱きにくい」，「しっくりいっている－しっくりこない」，「軽く感じる－重く感じる」であり，それらは［中間］を境界に，左右の両端になるほど［とても］として［中間］を含めて7段階のいずれかを選択してもらった。

なお，これらに対する質問紙への回答は数分間実際に子どもを抱いてもらっ

てからお願いした。

　これらをまとめると，本研究で検討する離抱の影響要因は，①子どもの姿勢運動発達，②身長，③体重，④抱きに対する要求行動，⑤抱いたときに感じる抱きやすさ，⑥抱いたときに感じるしっくり感，⑦抱いたときに感じる重たさ（以下重感）であり，全検討項目は8変数であった。なお，研究3と同様の理由から，月齢を離抱への説明変数として採用しなかった。

[共分散分析（ANCOVA）によるモデル化]　各抱き時間（通常抱き，授乳抱き，おんぶ抱き時間）の変化については，乱塊法の共分散分析（ANCOVA）によって，各抱き形態別に分析を行なった。検討した要因は，子どもの姿勢運動発達段階（6水準の母数要因），母子（21組の変量要因，母集団から無作為抽出したという意味での確率変数），さらに共変量に子どもの「身長」と「体重」，質問紙で得られた「話すと泣く」「座ると泣く」「抱きやすさ」「しっくり感」「重たさ」を加えた。これらを共変量として扱うことは，諸要因の影響をそれぞれ検討することを意味する。なお，共変量についてはすべて主効果のみをモデルに含め，モーメント法によって推定値を算出した。

結果

DSAに基づく分析枠組み

　以下の分析は，次のDSAの基本的手続きに沿って行なわれる。

> ①平均値等により，異なる発達時期や異なる状態における全般的な傾向を把握する。
> ②個々人ごとのダイナミックな発達軌跡を描く。
> ③個々の発達過程における変化点を特定する。
> ④個々の集合変数に発達的変化を発生させるコントロール・パラメータは何であるかを特定する。

本研究は，基本的に以上の枠組みに基づき，個々の横抱きから縦抱きへのダイナミックな移行を記述し，その変化に強く影響しているコントロールパラメータの特定を試みる。

(1) 平均値に基づく概観の把握

研究3においては，離抱が確認されたのは歩行開始時期の13ヶ月までであった。その意味でも，本研究でなされた1月毎に最長40ヶ月にまで渡る縦断データはたいへん貴重なものであることから，まずは横断的分析によって全体的な傾向を把握することとする。そこで，離抱の全体的様相を把握するために，各月齢における授乳による抱き，通常の抱き，おんぶ抱きのそれぞれと，それらを合計した全抱き時間について，全21組の母子の平均値の推移を示した（図2-4-1）。

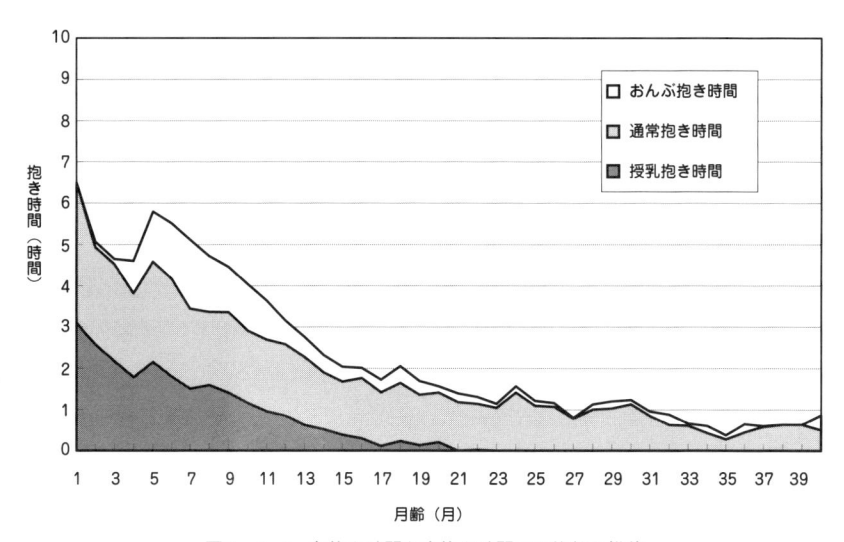

図2-4-1　各抱き時間と全抱き時間の平均値の推移

図2-4-1を視察すると，全抱き時間は乳児の月齢と共に右肩下がりに減っていくことがわかる。また生後5ヶ月の時期におんぶ抱きの急増を中心とした各抱きの増加に伴い，一時的に1時間ほど増加するという様相を示している。

以下，この特徴を「山型」と呼ぶこととする。全抱き時間を構成するそれぞれの抱きについて順にみていくと，授乳抱きは初期には比較的多くみられるものの，その後減少していき，20ヶ月前後ではほとんどみられなくなる。通常抱きは，徐々に減少していくが授乳抱きと比較してその減少の割合は少ない。また，30ヶ月以降には1時間未満となっているものの40ヶ月になっても平均で30分程度みられることがわかった。おんぶ抱きは，生後数カ月を経過した頃に現われ始め，生後1年ぐらいの間は1時間前後みられるが，その後ほとんどみられなくなる。

(2) 個々の発達軌跡の記述

　以上，全抱き時間の推移についてその傾向を把握し (図2-4-1)，3つの抱き時間については個別に吟味してきた。しかしながら，平均値に基づくデータのみでは多様な発達軌跡を捨象する危険性がある。そのため，以下はＤＳＡの基本原理に従い，個々の発達軌跡を単位とした記述を試みる。

「全抱き時間の山型」と「おんぶ抱きの山型」を視点とした分類

　図2-4-2-1〜図2-4-2-5に示したように，各母子別の全抱き時間を検討したところ，平均値データ (図2-4-1) では捨象されていた多様かつダイナミックな離抱過程が浮き彫りになったといえるだろう。離抱は多様であり，ある時期からまったく抱かなくなるのではなく，また線形的に安定して減少するようなものでもない。言い換えれば，離抱は，個々人ごとに多様であり，かつ非線形の様相を呈しつつしだいに減少していくことが示されたといえる。

　また，推移の仕方に関して2つのタイプに大別できることが示唆された。1つめのタイプは，「山型」を形成する点で，全抱き時間の平均値と同様の推移のしかたを示すタイプであった (図2-4-2-1〜図2-4-2-3：14組)。なお，ここでは，最初の観測値と比較してその後最大値が2時間以上上昇したケースを「山型」として分類した。2つめのタイプは，「山型」を形成しないタイプであり，平均値とは異なり，抱き時間が右肩下がりに減少していく推移を示した (図2-4-2-4〜図2-4-2-5：7組)。

　それでは山型が形成されるタイプと，右肩下がりに抱き時間が減少するタイ

プとでは何が異なるのであろうか。抱き時間の山型について図2-4-1の結果とともに吟味すると,「おんぶ抱きの時間」が一時的に増加している傾向との関連が見い出せる。このことから,おんぶ抱き時間が全抱き時間の「山型」形成に関与している可能性が考えられるため,以下検討する。ただし,これについてもＤＳＡの基本原理に基づくならば,個々の発達軌跡から検討する必要がある。そこで,おんぶ抱き時間の推移についての発達軌跡ごとに,全例についてタイプ分類を試みた。

各発達軌跡に基づきボトムアップに分類した結果,3つに分類することができた。第一は,おんぶ抱き時間が最大4時間以上みられたもの(山型を示したもの)で,以下「おんぶ抱きの山(高)」とした。第二は,おんぶ抱きの最大値2時間以上が2回以上観測され,かつ最大値が4時間未満であったものであり,「おんぶ抱きの山(中)」とした。それ以外の,おんぶ抱き時間が山型を形成していないものについては,「おんぶ抱き微小もしくは皆無」とした。その結果,「おんぶ抱きの山(高)」が6例,「おんぶ抱きの山(中)」が5例,「おんぶ抱き微小もしくは皆無」は10名であった。

次に「全抱き時間の山型」と「おんぶ抱きの山型」の関連性を統計的に検討するために,各発達軌跡を基準に分割表を作製した(表2-4-1)。分割表はセルあたりの観測度数が少ないためカイ二乗検定を避け,フィッシャーの正確確率検定を行なったところ,$p=0.030$で,関連は5％水準で有意であった(なお,「おんぶ抱きの山型」カテゴリは順序変数とみなせるため,マン・ホイットニー(Mann-Whitney)のU検定による正確確率も併用したところ,$p=0.015$となり,いずれの場合も5％水準で有意であることが確認された)。この結果から,おんぶ抱き時間の山型形成が,全抱き時間の山型と関連することが確認されたといえよう。

表2-4-1 「全抱き時間の山型」と「おんぶ抱きの山型」の関係

	おんぶ抱き微小もしくは皆無	おんぶ抱きの山(中)	おんぶ抱きの山(高)	合計
山　型	4	4	6	14
右肩下がり型	6	1	0	7
合　計	10	5	6	21

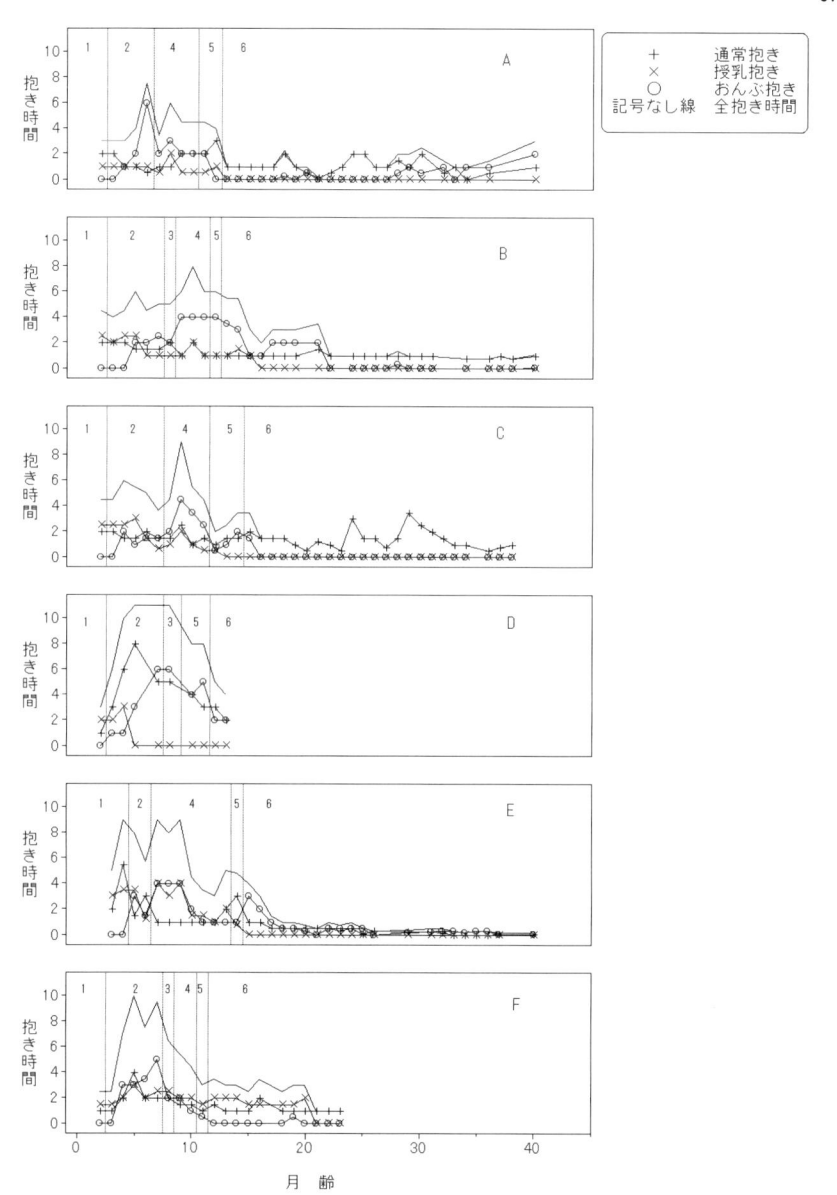

図2-4-2-1 「山型」かつ「おんぶ抱きの山（高）」に分類された6組の母子の抱き時間推移
注）欠測値については印をつけず、次に得られたデータと直線で結んだ。また、背後の数値は子の姿勢運動発達段階を示し、1未頸定、2頸定、3座位、4這行、5直立、6歩行である。

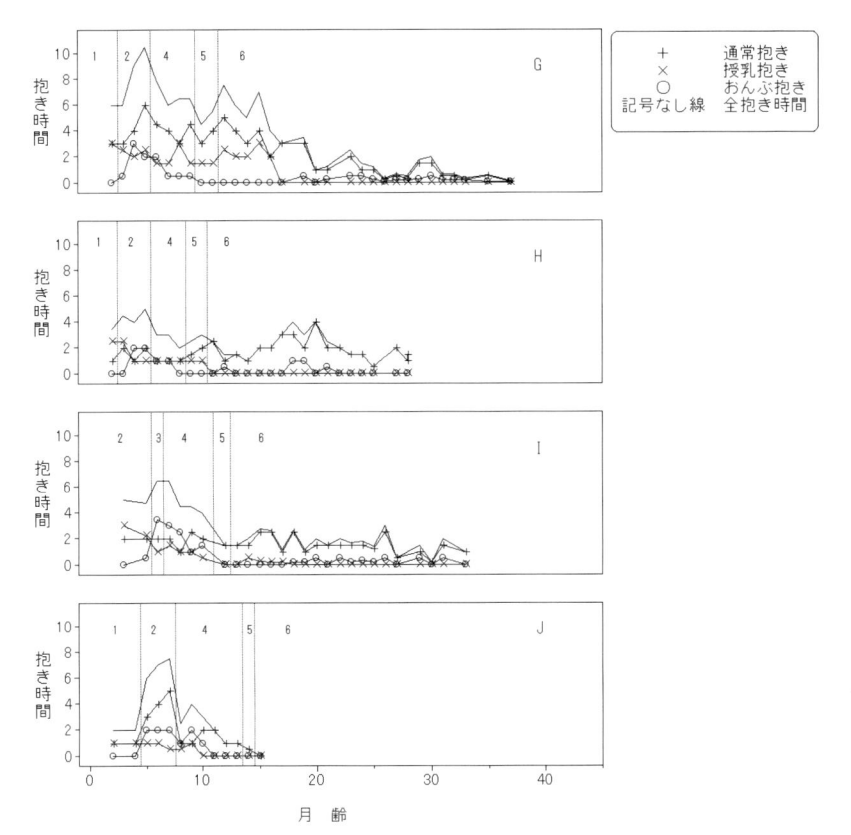

図 2-4-2-2 「山型」かつ「おんぶ抱きの山(中)」に分類された4組の母子の抱き時間推移
注) 欠測値については印をつけず,次に得られたデータと直線で結んだ。また,背後の数値は子の姿勢運動発達段階を示し,1未頸定,2頸定,3座位,4這行,5直立,6歩行である。

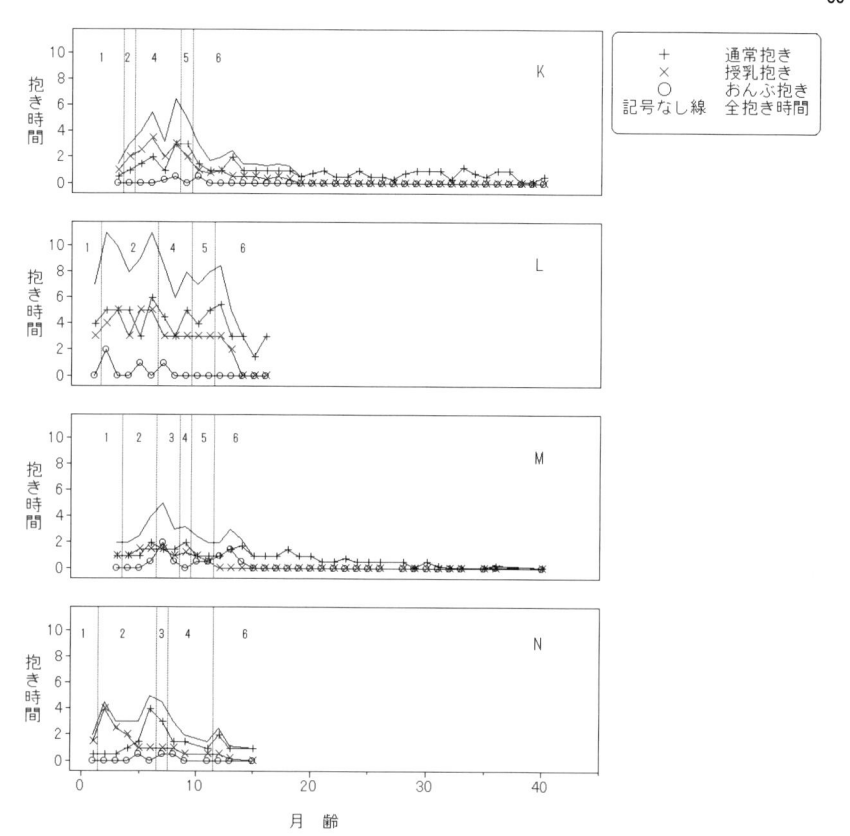

図2-4-2-3 「山型」かつ「おんぶ抱き微小もしくは皆無」であった母子4組の抱き時間推移
注）欠測値については印をつけず，次に得られたデータと直線で結んだ。また，背後の数値は子の姿勢運動発達段階を示し，1未頸定，2頸定，3座位，4這行，5直立，6歩行である。

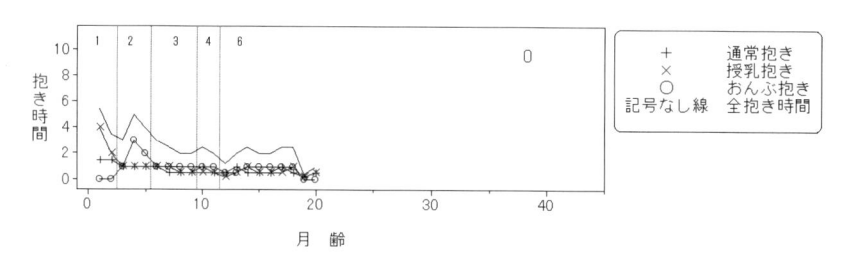

図2-4-2-4 「右肩下がり型」かつ「おんぶ抱きの山（中）」であった母子の抱き時間推移
注）欠測値については印をつけず，次に得られたデータと直線で結んだ。また，背後の数値は子の姿勢運動発達段階を示し，1未頸定，2頸定，3座位，4這行，5直立，6歩行である。

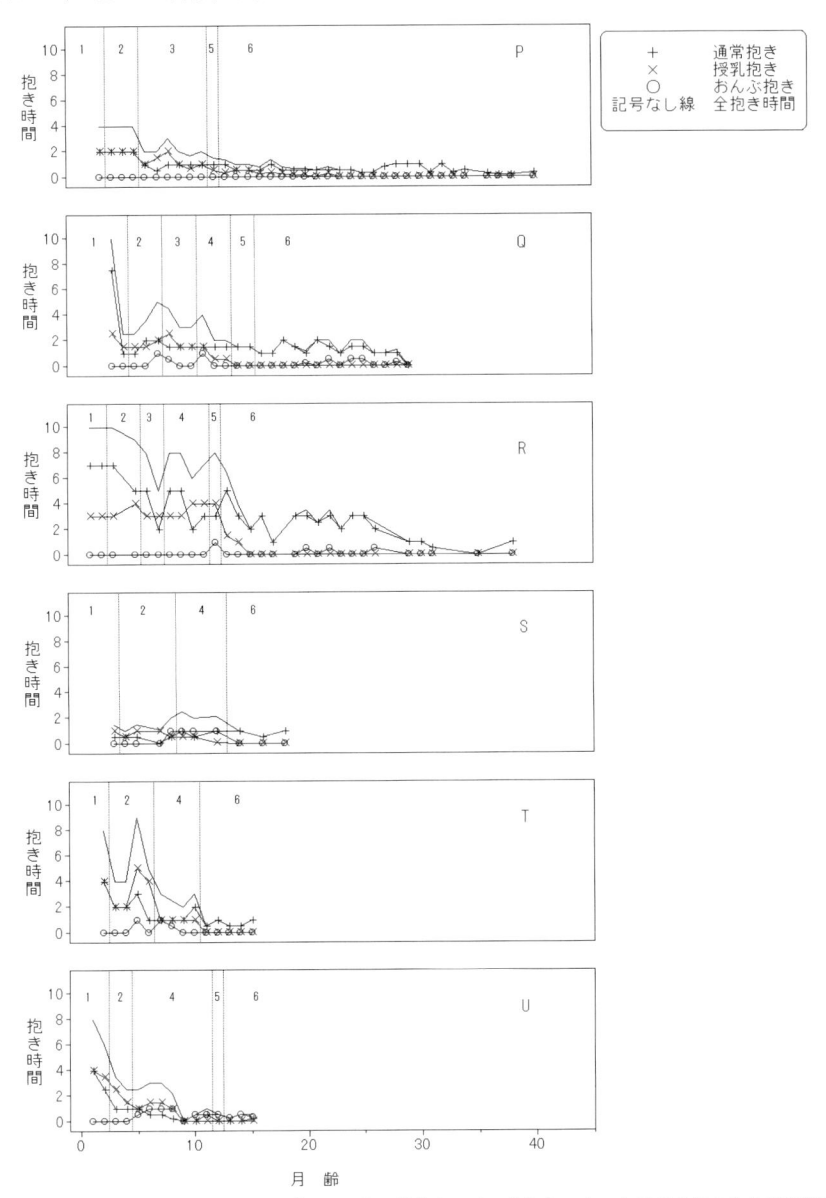

図 2-4-2-5 「右肩下がり型」で「おんぶ抱き微小もしくは皆無」であった母子 6 組の抱き時間推移
注) 欠測値については印をつけず,次に得られたデータと直線で結んだ。また,背後の数値は乳児の運動発達段階を示し,1 未頸定,2 頸定,3 座位,4 這行,5 直立,6 歩行である。

凡例:
+ 通常抱き
× 授乳抱き
○ おんぶ抱き
記号なし線 全抱き時間

コントロール・パラメータの絞り込み

　それではおんぶ抱きの山型の形成をはじめ，各抱き時間にはどのようなコントロール・パラメータが影響しているのであろうか。ＤＳＡの枠組みをあらためて確認しておくと，ここまで①平均的な概観の把握と，②個々人の発達軌跡を行なってきた。したがって次に，③個々の発達過程における変化点を特定し，④個々の集合変数に発達的変化を発生させるコントロール・パラメータを特定することが求められるが，その前に，ここではまず影響力のあるコントロール・パラメータに見当をつけるために，平均値データに基づき分析を行なうこととする。すでに見てきたように，個々人の抱き時間の非線形的な推移は，3つの抱き形態によって複合的に構成されているため各抱き時間別に検討する必要がある。そこで，抱き時間に変化をもたらしていると考えられる姿勢運動発達をはじめとする諸要因をもとに，授乳抱き，通常抱き，おんぶ抱き時間について，それぞれ個別にモデル化することで検討する。

授乳抱きへの影響要因

　授乳抱きを従属変数とした共分散分析の結果，モデルによって全分散の70％が説明された。まず姿勢発達の効果が有意であった（$F_{(5,479)}=16.45$, $p<0.001$）。姿勢発達要因（6水準）の効果について，テューキー（Tukey）の *HSD* 検定による下位検定を行なったところ，直立および歩行が可能になる時期に対応して，授乳抱きの時間が大きく減少することが示された（表2-4-2）。また，姿勢運動発達とは別に，体重要因（共変量）が有意であり，体重が1kg増えるにつれて抱き時間が0.22時間減少することも示された（$F_{(1,479)}=12.86$, $p<0.001$）。また，母子要因の効果が有意で（$F_{(20,479)}=13.84$, $p<0.001$），個人差があることが示された。また，しっくり感を低く報告する母親ほど，授乳抱きの時間が長い傾向が示された（$F_{(1,479)}=3.16$, $p<0.10$）。それ以外の要因については有意な効果はみられなかった。

表2-4-2 授乳抱きに関する各運動発達段階の平均値と下位検定結果

		平均値	最小自乗平均	標準誤差	1	2	3	4	5	6
1	未頸定	2.38	1.58	0.18	—				*	*
2	頸 定	1.97	1.49	0.11		—			*	*
3	座 位	1.51	1.18	0.15			—			*
4	這 行	1.43	1.23	0.09				—	*	*
5	直 立	0.97	0.74	0.13					—	*
6	歩 行	0.17	0.31	0.06						—

注）下位検定はテューキーの HSD による。表中の*は最小自乗平均値の差が5％水準で有意であったペアに対するものである。

通常抱きへの影響要因

通常抱きを従属変数とした共分散分析の結果，全分散の56％が説明された。授乳抱きと同様，母子要因が有意で（$F_{(20,479)}=18.80, p<0.001$），個人差の占める割合が大きい。また，体重要因（共変量）が有意であり，乳児の体重が1kg増えるにつれて通常抱きの時間が0.18時間減少することも示された（$F_{(1,479)}=4.48, p<0.05$）。それ以外の要因は有意でなかった。

おんぶ抱きへの影響要因

それではおんぶ抱きが山型を形成する場合には，どのような要因に影響を受けているのであろうか。おんぶ抱き時間を従属変数とした共分散分析の結果，21組の母子におけるおんぶ抱き時間の全分散の45％が説明された。まず姿勢発達の効果が有意であった（$F_{(5,479)}=20.17, p<0.001$）。姿勢発達要因（6水準）の効果について下位検定を行なった（テューキーの HSD 検定）ところ，おんぶ抱きは首がすわった後に増えること，這行ができるころにピークを迎え，立って歩けるようになるにつれて急激に減ることが示された（表2-4-3）。身長や体重といった物理的要因の効果がみられなかったことと合わせると，おんぶ抱きは，乳児の身長や体重などよりも，むしろ運動発達段階と密接に関連していることが示唆された。

他にも，母子要因が有意で（$F_{(20,479)}=10.07, p<0.001$），個人差の占める割合が少なくないことが示唆された。また，しっくり感が高い母親ほど，おんぶ

抱きの時間が長いことも示された（$F_{(1,479)}=6.62$, $p<0.05$）。その他の要因については有意でなかった。

表2-4-3　おんぶ抱きに関する各運動発達段階の平均値と下位検定結果

		平均値	最小自乗平均	標準誤差	1	2	3	4	5	6
1	未頸定	0.00	−0.01	0.21	—	＊	＊	＊		
2	頸　定	1.14	1.06	0.13		—				＊
3	座　位	0.91	0.93	0.18			—			＊
4	這　行	1.21	1.22	0.11				—		＊
5	直　立	0.90	0.70	0.16					—	
6	歩　行	0.22	0.23	0.07						—

注）下位検定はテューキーの HSD による。表中の＊は最小自乗平均値の差が5％水準で有意であったペアに対するものである。

おんぶ抱きは未頸定の時期での平均値が0であり（表2-4-3），おんぶ抱きが始まるには，乳児の頸定が必要なことが示唆される。しかし，以上の結果は平均値に基づく結果であり，個々人の発達にそのまま適用することはできない。全抱き時間の軌跡に大きく関与していたおんぶ抱きのコントロール・パラメータを明らかにするために，おんぶ抱きに姿勢運動発達が影響しているという結果を視点として，個々の発達軌跡ごとに確認していく必要がある。

したがって，おんぶ抱き時間が山型を形成する（山型高，山形中の群）11例の母子に焦点化し，各発達軌跡に基づき，山型の開始時期を「起」とし，頂点を「頂」，山型が急激に減少し収束して谷の底となった時期を「収」として，発達段階別に検討した。その結果，11例中11例が頸定段階に「起」となっていることが明らかとなった。そして「頂」が頸定段階だったケースが7例（A, D, F, G, H, J, O），座位段階が1例（I），這行段階が3例（B, C, E）となっており，頸定〜這行段階に全例がおんぶ抱き時間のピークを迎えることがわかる。また「収」が這行段階に起こったのは3例（E, G, H, J），直立段階が4例（A, C, G, I），歩行開始直後の数カ月が4例（B, D, F, O）となり，這行〜歩行といった移動能力の発達に伴い収束することが明らかとなった。これは平均値に基づく分析結果を支持するものであり，個々の発達軌跡の検討からも，姿勢運動発達要因が，非線形の山型を形成する一因になっていることが示唆されたといえよう。

考察

　本研究は，最長40ヶ月に至るまでの全般的な離抱の様相を明らかにすることを第一の目的とした。第二に，離抱に影響力をもつと考えられる要因を複数の側面から検討することで，離抱に影響力のあるコントロール・パラメータを絞り込むことを目的とした。また，今後の離抱研究の発展につながるよう検討課題を浮き彫りにすることを第三の目的とした。

全体的な離抱の様相

　平均値の変化を視察すると，全抱き時間は初期に山型を描くものの全般的には乳児の月齢と共に右肩下がりに減っていくことが示されたが，同時に生後40ヶ月になっても30分程度みられることがわかった。

　また個々の発達軌跡に基づいて検討したところ，離抱過程は個々に多様であり，かつ非線形の様相を呈しつつしだいに減少していくことが示された。さらに，推移の仕方に関して，「山型」を形成する点で平均値と同様の推移をするタイプと，抱き時間が右肩下がりに減少していく2タイプに大別できることが明らかとなった。このような様相は，長年にわたる記録密度の濃い縦断データに基づき，個々の発達軌跡を単位とするＤＳＡの枠組みに依拠することによって，明らかにされた貴重な知見ということができよう。

　以下授乳時の抱き，通常時の抱き，おんぶ抱きのそれぞれに焦点化しつつ，考察を進める。

授乳抱き

　まず，姿勢運動発達が影響している点では研究3と一致していた。今回新たにわかったことは，直立及び歩行が可能になる時期に対応して，授乳抱きの時間が大きく減少することである。やはり姿勢発達に伴う位置移動の出現は，それによって子どもが母親から物理的に離れうるという意味では子別れに直結する行動である（根ヶ山，1995）が，それはたんに物理的な分離のみならず，授乳といった他の分離的側面やそれに付随する心理的分離と大きく関わっている

といえよう。

　また，抱いたときに感じる「重たさ」が影響していなかったにもかかわらず，体重が1kg増えるにつれて抱き時間が0.22時間減少することも示されたことは興味深い。生態心理学的なシステム論の観点からは，物理的環境と同様に他の有機体も重要な環境といえる（Gibson, 1979；Reed, 1996）ことを踏まえれば，子の体重という発達要因が母親の「抱かない」という行為をアフォードしたと解釈することも可能だろう。これはたんなる平行現象という解釈も否定できないが，少なくとも身長との関連性が有意ではなかったことを考えると，授乳抱き時間と体重の増加の有意な関係が示されたことには意味あるものといえよう。

　また個人差も大きいことが示された。潜在的な影響要因は多々考えられるが，少なくとも研究3で授乳抱きには授乳形態が影響していることが示されていることから，この個人差は授乳形態の影響による可能性も考えられる。今回授乳形態を調査していないため推測の域を出ないが，今後は授乳形態も調査項目に加えるべきであろう。また，しっくり感を低く報告する母親ほど，授乳抱きの時間が長い傾向が示されたことに関しても，今回の結果のみでは考察がむずかしいため今後の検討課題として挙げられる。しっくり感を基軸とすることで母親の内的視点から抱きに迫るという意味で，今後は，抱いたときのしっくり感や抱きやすさに焦点化した研究が行なわれても興味深いといえよう。

通常抱き

　分析の結果，体重が1kg増えるにつれて抱き時間が0.18時間減少することが示されたことから，授乳抱きと同様に，子の体重という発達要因が母親の「抱かない」という行為をアフォードしたと解釈できる。研究3と同様に母親の感じる「重たさ」などが影響してなかったことを考えると，離抱は母親の認知的要因よりも，身体レベルでの相互作用の結果，促進されるものであることが示されたといえよう。体重と身長の相関はかなり高いし，身長は依然として1つの候補であることは変わりがないことから，慎重な議論が必要だが，通常抱き時間と体重増加の関係が示されたことは意味あるものといえよう。研究3の結果と差異化するという意味では，授乳抱きと通常抱きにおいて身長ではなく体

重が離抱に影響している可能性が示唆されたことは新たな知見といえよう。

しかし，通常抱きの影響要因における全体の説明率は授乳抱きと比較すればけっして高くはない。また，個人差の占める割合が大きいことが示された。本研究は縦断研究とはいえ，離抱研究としては2つめのものに過ぎない。探索的にモデル化し，今後の検討課題を浮き彫りにするという意味では，今後の検討すべき要因を積極的に挙げておくことは意味があると考えられる。

今回は第一子，第二子以降を分析要因に含めなかったため考察の域を出ないが，子の出生順の影響が個人差となって現れている可能性も考えられる。離抱と親性投資（Trivers, 1974）との関連性をより深く検討するために，今後は兄弟姉妹の有無やその数を考慮する必要があるだろう。兄姉がいる場合は，母親はそちらにも投資する必要が出てくるために，兄姉とあまり年の離れていない第二子以降においては，離抱はより促進されることも予想される。しかし，第二子の誕生が第一子と母親の行動にどのような変化をもたらすか検討した研究（小島・入澤・脇田，2000）では3ヶ月〜6ヶ月にかけては母親から第一子を抱っこすることが増えることが示唆されていることから，この時期に再び抱き時間の山型現象がみられる可能性がある。また，母親が次の子を妊娠したことを知った際には，そのことが離抱にどのような影響を与えるのかということも興味深く，今後の検討に値するといえよう。

また1名常勤の母親がいたが，他の母親の同じ時期と比べて抱き時間はかなり少なかったことからも，就労形態の違いによって通常抱きの個人差が大きくなっている可能性は容易に想像できる。子の保護と母子分離は父親等の家族，保育園の保育者，あるいは医療・教育制度までもが母子間に介在し，それらのソーシャル・ネットワークによって実現されているとみなすべきとの指摘もある（根ヶ山，1999）。したがって，今後はそのような社会的側面から検討する必要もあるだろう。

おんぶ抱き

おんぶ抱き時間の軌跡は山型を形成しており，主に姿勢運動発達が影響を与えていることが示された。おんぶ抱きが中程度〜多くみられたタイプをもとに各プロセスを検討した結果，頸定段階におんぶ抱きがみられるようになり，頸

定〜這行段階におんぶ抱きのピークを迎え，その後歩行の発現に至る移動能力の発達に伴い収束することが明らかとなった。これは平均値に基づく分析結果を支持するものであり，個々の発達軌跡の検討からも，姿勢運動発達要因が，非線形の山型を形成する一因になっていることが示唆されたといえよう。また，おんぶ抱きは首がすわった後に増えること，這行ができるころにピークを迎えるという点では研究3の結果を支持するものであった。やはり，頸定前には子の首を手で支える必要があることから，おんぶができないという身体的制約が考えられる。

研究4で新たに明らかになったことは，おんぶ抱きは立って歩けるようになるにつれて急激に減少するということである。このことは移動能力の発達とともに，おんぶ抱きはみられなくなることを意味する。この点に関しては，外出の際に自分の足で立たせ，歩かせるという選択肢が増加したことが影響している可能性が考えられる。これから，おんぶ抱きは子を連れて移動する際に用いられる戦略の1つとして採用されている可能性が考えられる。今後は，生活の文脈と抱き形態との関連性も検討していく必要がある。いずれにしても，おんぶ抱きは乳児の身長や体重などよりも，運動発達段階と密接に関連していることが確認されたといえよう。

他にも，個々の離抱過程の違いや共分散分析時の母子要因が有意であったことから個人差の占める割合が少なくないことが示された。ヒトの育児においては親子間に積極的に「モノ」を導入し，介在させる(根ヶ山, 1998, 2000, 2002)という視点から考えれば，おんぶする際には，他の抱き形態の場合とは異なり，「おんぶひも」といった抱きをサポートする育児用具を用いることが多い。したがって，その道具の有無が個人差に大きく影響する可能性は十分考えられるだろう。おんぶ抱きをまったくしない例では，そもそも家庭におんぶヒモがなかった可能性も考えられる。

また，しっくり感が高い母親ほど，おんぶ抱きの時間が長いことも示された。しかし，今回のデータからは，おんぶ抱きをしている際にしっくり感が高まるのか，あるいはしっくり感が高いと報告する母親は結果としておんぶ抱きをしているのか判断する材料はないため，今後の課題として指摘するにとどめておく。

抱き時間の山型の構造

　全抱き時間の平均値を各月齢ごとに検討したところ，一度減少した後に再び増加し，その軌跡は山型を描くことが示された。しかし，個々の発達軌跡を単位に検討すると，山型を形成しているのは14例でしかなく，残りの7例は右肩下がりに減少していることが発見された。そして，全抱き時間の山型は，おんぶ抱きの急増と減少に伴う「おんぶ抱きの山型」と関係していることが多いことが確認された。すなわち，全抱き時間の軌跡も右肩下がりに減少していたケースでは，おんぶ抱きの山型が微小あるいはまったくみられなかったのである。したがって，おんぶ抱きと全抱き時間の山型に関連性が示されたといえよう。それでは，おんぶ抱きのコントロールパラメータは何かといえば，先に検討したように姿勢運動発達であることから，間接的には姿勢運動発達が全抱き時間の山型の形成に影響を与えているといえるだろう。ここからも姿勢運動発達の抱きへの影響力の大きさを伺い知ることができる。

今後に向けて

[観察法]　まず本研究は質問紙による調査であるため，ここで明らかにされたデータは，母親の認知を介したデータと考えた方がよいだろう。特に，本研究では，記入直前の1週間に1日平均にどのくらいの時間抱いたかを，授乳による抱き・それ以外の抱き・おんぶのそれぞれにおいて選択肢から選択する形で調査したことを考えると，この調査方法によってデータが実際に抱いた時間よりも多く（少なく）なっている可能性も考えられる。また研究3で示唆された子の「抱降行動」や「体動行動」といった行動要因が検討されなかったことから，今後は質問方法とともに，観察法も併用するなどの工夫をしていく必要がある。

[文化的背景]　さらに，母子関係のあり方の多様性として，「文化」の問題がその延長線上に浮かび上がってくる（根ヶ山，1999）。子別れは文化の枠組みの中の，創発現象であるとの指摘（陳，1995）を考慮すれば，離抱もやはり育児文化を背景とした創発現象として捉えた方が妥当であろう。この観点からすれば，本研究で示された離抱現象は，抱き文化を有する子育て文化だからこそ起きたものとも考えられる。なぜなら，出産後すぐに母親が抱かなくなる文化

においては，抱降行動や離抱が生起するための行為的前提が消失しているといえるからだ。このように，今後の縦断研究によって離抱現象を明らかにする際も，文化的背景を十分に考慮しつつ検討する必要があろう。

　また，乳幼児にとって危険性が高い生態学的環境においても，離抱過程は異なった様相を示すと考えられる。マーヴィン（Marvin, 1997）は，子どもの行動システムの構造が，養育者の行動システムによって補われなくなっていく過程に注目し，その変化過程をナイジェリアのハウサ族を対象として観察した。その結果，西洋と比べ，ハウサ族の子どもの生育環境は危険性が高く，子は覚醒時にはほとんど養育者に接触していた。このような「危険性」といった生存に直結する要因を基軸として，物理的・社会的環境を考慮しつつ，離抱を検討することも，文化の枠組みの中での子の自立・分離過程を明らかにする重要な切り口となろう。

［トライアンギュレーション］　さらには，構造構成主義（西條，2002b, 2003a, 2003c）に依拠することによって，従来相容れないとされてきた認識論に基づくＤＳＡとナラティブ・アプローチといった２つの新たな枠組みを併用することが可能となる（西條，2003a, 2003b）。そのようなトライアンギュレーションにより，離抱現象をＤＳＡによって外的・動的に捉え，かつナラティブ・アプローチにより意味的・生成的に捉えるといった立体的構造化も期待できよう。

　「離抱（りほう）」は，本研究により提起された母子関係に関する新しい概念である。その研究は始まったばかりであり，上述してきたように心理学的に検討されるべき点は多く残されているが，それを裏返せば，現象発見の宝庫ということもできよう。また，心理学のみならず，進化論，社会学，文化人類学，人類学，霊長類学等々の人間科学全体に開かれたテーマとなりうることから，今後領域を問わず多くの研究者に「継承」（西條，2002c, 2003a, 2003c）されることを期待したい。それと同時に，離乳という用語が養育現場に浸透しているように，「離抱（りほう）」というコトバが，養育・保育現場における実践，教育，コミュニケーションを豊かなものとする，新たな「視点」として役立てていただければ，望外の喜びである。

3章　総合議論

本書の目的は,「構造構成的発達研究法」と「求心―遠心」の2軸を中心に構成される「人間科学的研究法」によって,母子間の抱きを全体的に理解することであった。

4つの研究から得られた知見

2章では,両極包括的視点から母子間の抱きの研究が行なわれた。研究1では,生後8日から2年1カ月までの乳幼児とその母親29組を対象に抱きの横断的観察を行なった。母親が座っている状態,立っている状態,歩いている状態における抱き場面が撮影・分析された結果,以下の2点が示唆された。①子も抱きの成立・維持に積極的に貢献しており,その行動は子の姿勢発達に伴い増加する,②母親の抱き方は,抱く際の母親の姿勢状態や乳幼児の姿勢発達段階によって異なる。以上のことから,抱きは母子が姿勢という身体要因を基盤として,互いに関与することで成立・維持される相互的行為であることが示唆された。

研究2では,生後1カ月の乳児とその母親16組を対象として,1カ月時から7カ月まで1カ月おきに抱きの縦断的観察が行われた。そして,DSAに基づき検討された結果,縦抱きの移行プロセスは,以下の2パターンがあることが明らかとなった。①乳児が抵抗を示し始めると,母親は間主観的な解釈を媒介として,乳児が安定する抱き方を探索し,その結果「抵抗」の収まる縦抱きに収斂する,②乳児の頸定といった身体情報が母親に縦抱きをアフォードする。

研究3では,母親が自分の子どもをしだいに抱かなくなっていく発達的過程を「離抱」と名づけ検討し,その概観を明らかにすることを目的とした。1～13ヵ月の乳幼児をもつ母親298名を対象とした質問紙調査を行ない,抱き時間や乳幼児の発達に関する情報を集めた。その結果,未頸定段階に6時間以上あった抱き時間は,歩行段階には2.5時間へと減少していくことが明らかとなった。さらに,乳児の発達的側面から,離抱に影響を与える要因を検討した。その結果,①姿勢運動発達,②身長,③体重,④授乳形態,⑤子の体を動かす行動,⑥子の抱っこから降りたがる行動が影響を与えていることが示された。

研究4では,生後1カ月～3カ月の子どもをもつ母親21組を対象として,最

長40カ月まで1カ月おきに離抱の縦断的調査が行なわれた。そして，DSAに基づき個々の離抱過程が記述されるとともに，授乳抱き，通常抱き，おんぶ抱きの3側面に焦点化され，離抱に影響するコントロールパラメータが検討された。その結果，平均値からは，全抱き時間は初期に山型を描くものの全般的には乳児の月齢とともに右肩下がりに減少することが示された。また個々の発達軌跡に基づいて検討した結果，離抱過程は多様であり，かつ非線形の様相を呈し減少することが示された。さらに，離抱過程は，一度山型を形成し減少するタイプと，右肩下がりに減少していく2タイプに大別できた。さらに，乳児の発達的側面から離抱に影響を与える要因を検討した結果，主に，①姿勢運動発達，②体重が影響を与えていることが示された。

説明モデルの提示

　以上の2章で得られた知見を総合して，抱きの求心-遠心の両側面を統合的に説明可能な「説明モデル」を提示する（図3-1）。なお，このモデルの求心的側面（抱きの成立・変化）は研究1・研究2に共通して確認された影響要因，遠心的側面（離抱）は研究3・研究4で共通して影響が確認された要因に焦点化してモデル化された。ただし，研究3における抱降・体動行動は研究4では最初から検討要因に含まれなかったため共通要因ではなかったが，今後の発展可能性を考慮し，提示することとした。

　モデルを構成する各要素から説明する。第一に，母親のみならず，子も抱かれ行動，横抱きに対する抵抗行動，抱降行動，体動行動など，求心・遠心両側面において能動的に抱きに関与することが示された。第二に，頸定が縦抱きへの移行の契機となり，直立や歩行といった移動能力の発達が離抱へと影響していたことから，子の姿勢運動発達が抱きの求心-遠心両側面の重要なコントロールパラメータであることが示された。なお，頸定は身体アフォーダンスとして母親に縦抱きをアフォードし，また体重も母親の抱かなくなるという「行為の機会」（アフォーダンス）となっていることが示されたことから，抱きという母子システムにおける身体間アフォーダンスの重要性が示唆されたといえる。

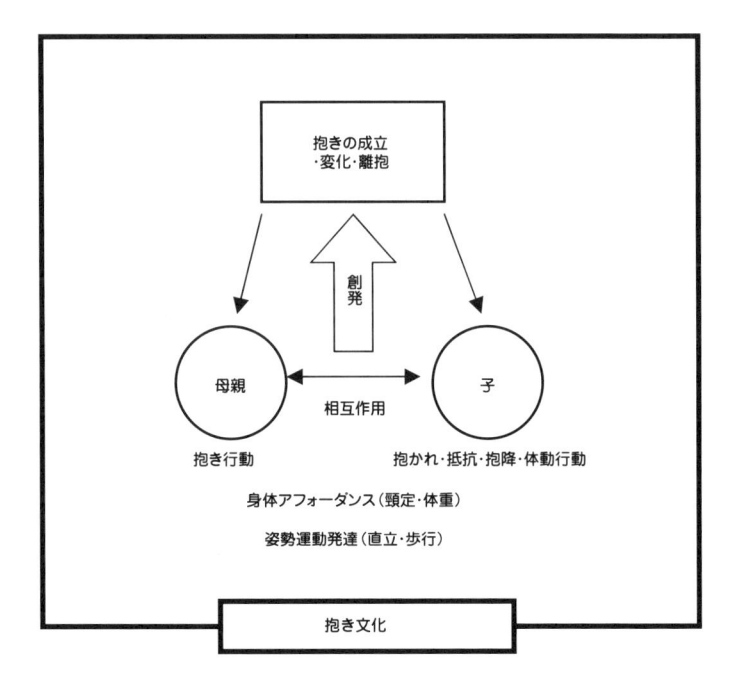

図3-1　求心―遠心を統合した抱きの説明モデル

　また，最初から抱っこすることが少ない文化であれば，こうした「抱き」や「離抱」といった現象自体が成立しにくいことから，こうした現象は，歴史的・文化的背景の中で創発したものとして考えなければならないだろう。
　以上を踏まえた上で，このモデルを総合的に説明すれば，抱き文化を背景とし，身体を基軸とした母子の相互作用の結果，子の発達に伴い，抱きは成立，変化し，また同時に離抱が促進されるということになろう。これは，抱きや離抱が自己組織化現象であることを示唆するものである。次に，行為の自己組織化の要諦を的確に捉えた三嶋（2000）の論考に基づき，自己組織化が抱きの理解にどのような意味の変更をもたらすか検討していこう。

自己組織化がもたらすもの

現象の表裏としての秩序化と秩序消失

　抱きの成立維持と離抱の促進を同じモデルで説明することは，一見矛盾しているようにみえるかもしれない。この疑問を解消するために，以下の三嶋(2000)の指摘は示唆に富むものと考えられる。三嶋は，コップに入れた熱湯をそのままにしておいておくと，熱湯が徐々に冷めて室温に近づいていくことを「熱力学の第2法則（エントロピー増大の法則）」の具体例として挙げた。熱力学の第2法則とは，「最終的にはエネルギーや物質の不均衡が解消され，均質な状態，つまり熱力学的平衡に近づいていくということを示す法則」のことだが，「局所的に見れば，それによってかえって特定の構造が生じる場合がある」という。すなわち，「秩序を生み出す自己組織化現象は，秩序が失われていくことを表わす熱力学の第2法則と矛盾することはない。それはどうやら，表裏一体の現象」なのだ。そして，「システムが自己組織化するためには，そのシステムが置かれた周囲の環境と比べて，エネルギーや物質の密度が高くなっていること」，すなわち「平衡から遠い」ことが重要であると論じている。

　このアナロジーは上記のモデルを解釈する際にも有効ではないだろうか。発達初期の母子関係は，周囲の人間関係に比べて身体的・心理的密度が高いということができる（根ヶ山，1995）。特に「抱き」という状態において，子は親に身体的・心理的に依存しているといえる。その意味で，母子間の抱きとは，「平衡から遠い」関係であるといえよう。それゆえに抱き形態は自己組織化する形で，変化し，またそれと表裏の現象として，いわば関係性におけるエントロピー増大の法則ともいえる離抱現象が進行すると解釈することも可能だろう。

下位要素への還元不可能性

　また，「自己組織化現象によって生じたマクロな秩序は，アルゴリズムによって生じたパターンと違い，たとえば，対流する個々の水分子の動きのような，そのシステムの下位要素の振る舞いには還元できない」（三嶋，2000）という指摘は，このモデルにもあてはまる。このことは研究2の事例に顕著に現れ

ている。横抱きから縦抱きへの移行はまさに母子のやりとりの結果起こっているのであり，子の行動にも，母親の行動にも還元できないことがわかるだろう。このことは，「抱き」は母親の脳に存在する母性や知識といった抽象的な説明概念や，子に生得的に埋め込まれている発達プログラムや，母子のいずれかの単一行動に還元することができないことを意味する。「抱き」はもはや，子どもを抱いている母親でも，母親に抱かれている子どもでもないのである。三嶋（2000）の言い回しを抱きに適用するならば，どうやら「抱き」という行為は，制御主体をどこかに還元できるようなものではなく，制御主体が，文化を背景とした母親と子どもの創る「抱き」システム全体に分散されているといえそうだ。換言すれば，制御主体は実際に営まれている母子の相互作用過程や関係性に存在するということができよう。

探されるということ

　また，「創発（自己組織化）」とは「現れた構造を定義するような『設計図』が事前には存在しないにもかかわらず，ある条件の下では自律的にその構造が浮かび上がるというような現象のこと」（三嶋，2000）を指す。言い換えれば，下位要素の相互作用の結果，自律的に上位システムの構造が立ち現われるため，事前のプランニングや設計図を必要としないのである。

　確かに，母親は子が生まれる前から，あるいは生まれた時点で，「何ヶ月になり，子の発達段階がこのぐらいになったら，こんな抱き方をしよう」，あるいは「授乳抱き，おんぶ抱き，それぞれこのぐらいの時間抱こう」などと事前にプランニングしていたとはとうてい考えることができない。それは研究2で，知識に基づいて抱き方を変えたという人は皆無だったことに顕著に現われている。また，研究4において離抱過程は多様でかつ非線形的な振る舞いをしたこともそのことを支持していると考えてよいだろう。もし事前にプランニングしていたならば，多くの母子において抱き時間が段階的に減少する様相を示したであろうし，また非線形的に減少することもないと考えられるからだ。[★1]

　三嶋（2000）は，自らが行なったヒモ振り課題の知覚研究（三嶋，1996）の中で，各人の多様な探索の仕方が収束していく様から，「これらの『振り方』が，事前に，つまりヒモを振る前から計画されていたとは考えられない」，「実

験で観察された六種の振り方は，おそらく，ヒモを振るプロセスの中で，ヒモの長さの知覚とともに探されたのである」と考察している。さらに，「伝統的には，『頭』の中の『プラン』が実行されることによって『行為』が生じると考えられてきた」ことを踏まえ，シロアリの事例（Kugler & Turvey, 1987）やマイクロスリップの事例（鈴木・三嶋・佐々木，1997）を引合いに出し，「本当は，『行為』が環境の中で『探される』のではないか」と指摘する。これらのことと同様に，抱きが自己組織化するというモデルは，「抱き」は子を含めた動的な環境の中で「探される」のではないかという見方を提供してくれる。こうした考え方は，われわれにさらなる視点の変更をもたらすと思われる。

進行形としての現象と完了形としての記述

　竹内（2001）は，認知心理学者の佐伯胖と対談した際に，新劇の演出家として演技の基底を探っているうちに，「心理学などで扱われる『感情』と呼ばれるものが，どうも私には腑に落ちない」と思うようになったと，次のような疑問を呈した。相手をいやな奴と思って，つきとばし，消しにかかっている時は，「全身で相手に跳びかかり働きかけているのであって，いわゆる『怒り』の感情なんてものを，その時点で感じている余裕なんてない」という。そして「『悲しみ』とか『怒り』とかいう名付けも，身の内の激しい動きに距離を取り，対象化しうる状態に至った時，初めて行うことができる」として，「根源的な『からだの動き』そのものには，まだ名をつけることができない」ことを鋭く指摘している。言語化できたとしたら，それはまさに，今，全身で探している最中ではなく，それと一定の距離を保てたときなのである。これは従来の心理学のあり方全体に一石を投じる本質的観点といえよう。

事例の再解釈

　こうした視点を踏まえた上で，事例2-2-1（本書62ページ）を再解釈すれば，おそらく，子どもは「横抱き」に対して「抵抗」などはしていないといえよう。その子は，その状態が気に入らないため，うごめいているだけなのだ。そして，母親もその状態が好ましいものではないため，子のようすから何かを探る。その結果「ちょっと眠いからぐずり出している」と解釈してそのまま抱

っこを続ける。すると，その後，子は再び「うーーあうーあ」とうごめき始める。母親はその状態も望ましくないため，違ったふうに抱いてみる。子どもは変化した状態が気になったため，動めきを止め，まわりに目を移す。母親は，子どものうごめきがぴたっと収まるのをみて，「これならいいんですか？ これならいいんですか？」と話しかける。

おそらくこの瞬間に先ほどのうごめきの意味が確定するのだろう。すなわち，こうしたやりとりが完了した後に初めて「横抱きを嫌がっていたのであり，縦抱きを好んだ」という意味づけがされるのである。その結果，母親の言語報告（表2-2-3：本書60ページ）に「赤ちゃんが横抱きを嫌がった」（語り4），「横抱きを嫌がったので，そして縦抱きをすると嫌がらないので」（語り5）とあったような報告が事後的にされたのであろう。

つまり，研究2で，多くの母親が「横抱きを嫌がった」と言及しているが，これはそれを探し当てた後に，事後的に報告しているのであって，そのときに現象している行為そのものを内側から言い当てたものではないことがわかる。厳戒を要するのは，そうして記述された行為や，あるいは報告された内容の多くは，事後的に「名づけ」られたものであるということだ。それはより内的な指標といえる抱いたときの「抱きやすさ」や「しっくり感」といったことにさえ，該当すると言わねばならない。

その意味において，研究2の母親の言語報告や，特に事例2-2-1（本書62ページ）は重要な視点をもたらすものといえる。もし，分析1の外部記述的な分析だけであったら，「母親は子どもが抵抗行動を起こすから，横抱きから縦抱きへ抱き方を変える」と解釈されただろう。そして，分析2の母親の言語報告によって「横抱きを嫌がる」という観点が加えられた時点で分析が終了していたら，「母親は子どもが横抱きを嫌がったので，横抱きから縦抱きへ抱き方を変えた」といった解釈にとどまっていたと考えられる。

外部と内部の二重性

しかしながら，ここでは「行為研究はすべて内的視点からなされるべきであり，それによってすべてが解決できる」と主張しているのでもなければ，外部記述的方法を否定しているのでもない。研究をする際に外部観察者の視点に基

づく記述は必要である。たとえば先の事例2-2-1の再解釈も，研究2の外部観察による記述がなければ，そこで何が起こっているのか読み手に伝えることは困難であろう。独我論的理解を目的とするならばそれで問題ないかもしれないが，これでは公共性のある知を提示することはできず，研究の体をなさない。

　繰り返すが，問題は，完了した事態に対して外部観察者の立場から記述されたものをして，あたかもその主体の行為を理解した気になり，そうした記述をしてしまうことそれ自体にある。行為の理解を目的とした際に重要なことは，上記のことを明確に認識した上で，外部から完了形でなされた記述を，もう一度行為者の視点から再構成することといえるだろう。

　西條（2002c）はテクストに基づき「死に直面した人が突然の転調のように天気について語る」という現象を理解する際に，「一方では外部的視点を保ち，もう一方では語りの中に入り込むといった二重性に身を置きつつ，徹底的に言語化・分析する」という新たな分析視点を提起した。この視点は，『語り』を『行為者の内側』と置き換えれば，先述した再解釈の箇所で行ったことに他ならないことがわかるだろう。したがって，内側と外側の二重性に身を置く視点は行為理解の枠組みにおいても有効な視点となりうるといえよう。★2

解釈の主観性の問題

　伝統的な行動研究者の中には，こうした方法に対して，「行動研究は客観的であるべきであり，そのよう解釈は主観が入り込むためすべきではない」と批判する人は少なからずいるだろう。しかし，いくら客観的なコーディングを装ったとしても，人間が己の外部に出られないという原理的制約がゆえに，主観の混入は不可避である。これは人間科学が『人間による，人間の，人間のための科学』であるとすれば，宿命的な原理といえる。

　また，こうした主張に対しても「それはそうだが，主観混入の程度こそが問題であるのだから，主観的解釈は極力すべきではない」と反論する研究者がいることも予想できる。しかし，それは現象理解という意味では，本末転倒といわざるを得ない。先述してきたように，主観的解釈を極小化した結果，完了した事態に対して外部記述者の観点から記述したものを，あたかもその行為主体が目的志向的に，プランニングしているかのように解釈することこそが，重大

な過誤に他なるまい。

　重要なことは「妥当な解釈をすること」であり，解釈の程度を極小化することではないからだ。そして，妥当な解釈をするためには，「外部と内部の二重性に身を置きつつ徹底的に言語化する」（西條，2002c）という新たな分析視点は，少なくともそのような過誤を犯さないという意味で，有効な方法となりうるのである。

視点モデル

　さて，抱きの理解へと話を戻そう。以上議論してきたことを踏まえ，完了した事態に対する記述であることを認識した上で，研究結果を捉えると新たな視点が浮かび上がってくる。研究2の事例2-2-1（本書62ページ）で，最初はそこでいう「子の抵抗行動」に対して「ちょっと眠いからぐずり出しています」と解釈している。しかし，これはいわゆる「誤解」ではないことに注意しなければならない。「誤解」という名づけは，一連のやりとりが完了し，外部から対象化されうるときに初めて可能となる「意味」といえるからだ。この解釈を含む一連のやりとりからは，『探している最中は，何を探しているのかもわかってはいない』という行為者側の視点が浮き彫りになってくる。実際の母子は，うごめきの中，何を探しているかもわからない状態でやりとりをしているのではないだろうか。＜母子の身の重なり合いにおけるうごめき＞，おそらくこれが，「抱き」という行為の本源なのではないだろうか。

　こうした考察を踏まえ，抱きに関する本研究で提起される最終的な視点は，『抱きとは母子の身の重なり合いにおけるうごめきである』となる。なお，ここでいう「身」とは「継続する環境においてリアルな重さや堅さをもちつつも心と呼ばれるものの現象している場」としておく。本研究が認識論とした構造構成主義においては，得られた構造は「客観的な事実」や「真実」などではなく，われわれに立ち現れた現象を特定のアプローチ（身体）から切り取った「視点」ということになる。したがって，構造構成主義においては，研究の価値は，その視点がもたらす「意味」にかかってくる。

　これは現象の「説明」に価値を置く客観主義を認識論とした従来の研究とは

異なる立場であることに注意しなければならない。現象説明を目指す従来の研究においては，そこで得られた知見がどれだけ多くの現象を説明できるかが重要になってくる。したがって，そこでは一般化の範囲が広いことが研究を最も価値づけるものの1つとなるし，記述や得られた知見が多ければ多いほど良い研究ということになる。この立場からすれば，上記の視点はシンプル過ぎてものたりなく感じることだろう。

　しかし，構造構成主義を認識論とする研究の価値は，そこから導き出された視点がどれだけ現象の意味を変えるか，あるいはより妥当な現象理解をもたらす枠組みを提供できるかが重要となる。現象説明を目指す研究が知見の積み上げによる「たし算的営為」だとすれば，現象理解の枠組みは従来の知見や現象の捉え方に抜本的な変更をもたらす「かけ算的な機能」を果たすことになる。構造構成主義は，従来の枠組みとの対比という意味では後者を強調せざるをえないが，本質的にはこの双方を志向する立場を取る。

　そして，構造構成主義には，視点モデルの機能を理論的に保証すべく認知科学的知見（Holyoak & Thagard, 1995/1998）に裏づけされた「アナロジーに基づく一般化」という枠組みが備わっている（西條，2003a，2003c）。これは，論文を「類似性の制約」と「構造の制約」を満たすテクストにすることによって，書き手と読み手の相互作用を基軸とした新たな一般化の枠組みである。これは演繹法と帰納法の狭間に位置する「アナロジー法」とでもいうべき第三の思考形式ということができる（西條，2003c）。アナロジー法によれば，異領域で明らかにされた知見を，積極的に活用することも可能となる。

　従来の一般化の枠組みに一定の有効性があることは疑いようがない。しかし，それに厳然たる限界があるのも確かのように思われる。その枠組みにおいては，原理的にその知見の一般性の射程は当該の対象（現象）を超えることはできない。世界が狭まり多様な文化が並立し，また時々刻々と変化するこの時代において，いくら厳密に一般化可能な知見を提起しても，それが異なる地域で，あるいは1年，5年，10年後に妥当する知見である保証はどこにもないのである。

　しかし，構造を基軸とした視点は，モノの見方，現象の捉え方である限り，領域や時代や時間的制約を超えることができる。「学問のるつぼ」である人間科学において，このような領域を超えた知見の活かし方，思考形式が開発され

たことにより，領域横断的な知の相互作用が期待できる。

それでは先に提起された視点がどのような意味をもたらすか，以下検証を進めていく。

視点の有効性の検証

知見の再解釈

それではこの視点の有効性を確認するために，本研究で得られた他の知見に対しても再解釈を試みてみる。この視点に基づくことで「抱降行動」も異なる解釈が可能となる。すなわち，「抱っこから降りたがった」ということは，先の事例にあったようなやりとりのあと，そのやりとりに事後的に付与された意味なのである。また，体重の増加により離抱が促進されたという事態も，「乳児が重くなったために降ろした」という図式にあてはめることは適当でない。確かに，事後的に「重たかったから降ろした」といった記述は可能であるが，それはあくまでも事後的に付与された説明づけに過ぎない。実際に，研究3・研究4では，抱いたときに感じる重さは離抱に影響していないことが示されており，行為主体の内側に視点を移せば，おそらくは，腕がしびれてきたので，状況をみて子を降ろしたといったことになろう。その事態を事後的に記述したならば，「重たかったから降ろした」ということに過ぎないのだ。

先行研究への示唆

それでは，上記の視点は従来の抱き研究に，あるいは母子関係にどのような意味の変更をもたらすのであろうか。抱きの先行研究においては「左抱きの優位性」に関する研究が多くなされてきた（Bruser, 1981；Bundy, 1979；Dagenbach, Harris, & Fitzgerald, 1988；Finger, 1975；Grusser, 1983；Harris & Fitzgerald, 1983, 1985；Lockard, Daley, & Gunderson, 1979；Manning & Cambelain, 1991；Rheingold & Keene, 1965；Richards & Finger, 1975；Saling & Cooke, 1984；Salk, 1960, 1973；Weiland & Sperber, 1970）。したがってまず，こうした研究がどのような前提，問いのもとに実施されてきたかを踏まえるために，左抱きの優位性研究を簡単にレビューする。その後，本研

究から得られた視点から，今後の左抱きの優位性研究への示唆を行なうことにより，その有効性を確認していく。

[左抱きの優位性研究]　左抱きの優位性は，芸術作品に基づく調査によって，幾千年もの昔にも確認されていおり（Alvarez, 1990 ; Grusser, 1983），チンパンジーやゴリラのメスにおいても子どもを左側で抱くことが多いということが報告されていることから（Manning & Chamberlain1990 ; Manning, Chamberlain, & Heaton, 1994 ; Nishida, 1993），左抱きの優位性は歴史的・進化的にも確認されているといえる。

　そして現代においても，左抱きの優位性は複数の地域で確認されている。アメリカでは芸術作品（Salk, 1973 ; Finger, 1975）や写真（Richards & Finger, 1975），フィールド調査（Salk, 1960 ; Rheingold & Keene, 1965 ; Lockard, Daley, & Gunderson, 1979）といったさまざまな調査法によって確認されている。またスリランカ（Bruser, 1981），南アフリカ（Saling & Cooke, 1984）といった地域ではフィールド調査によって，また南アメリカインディアン民族では，写真によって左抱きの優位性が確認されている（Bolton, 1978）。さらに左抱きの優位性は，写真に基づく調査によって，西洋（北アメリカ・ヨーロッパ），東洋（中国・日本・台湾），アメリカン・インディアンといった複数の地域を対象とした研究で確認されている（Richards & Finger, 1975）。以上のように，左抱きの優位性はさまざまな調査法により，複数の地域において確認されてきたため，最近まで，マダガスカルといった一部の例外を除き（Nakamichi, 1996），いずれの文化でも見られるため，普遍的なものだと考えられてきた。

[従来の3仮説]　そのため，一連の左抱きの優位性は主に以下の3つの仮説に基づき検討されてきた。第一に，母親の心音は子どもをなだめる効果があるため，左側で抱くことが多いという仮説がある（Salk, 1960, 1973）。第二に，ほとんどの新生児は休んでいる時や短い時間母親の中心線の位置で頭を抱かれていた後に，頭を右の方へ向けることから（Harris & Fitzgerald, 1983），乳幼児が呼吸しやすく，また乳幼児にとって周辺が見えやすくなるために，乳幼児の首の向きの偏りが，母親の抱きの好みをつくっているといった仮説がある（Bundy, 1979, Ginsburg, Flinf, Hope, Musgrove, & Andrews, 1979）。第三に，

左側から入ってきた視覚情報は，感情の解釈に特殊化した大脳右半球に伝達されるために，左側で抱くことにより子どもの感情解釈が促進されるために，左抱きが多くなるといった仮説がある（Manning & Chamberlain, 1990, 1991）。

[還元論と目的論]　これらには，その原因をなんらかの1要因に還元して考えようとする還元論がみてとれることがわかるだろう。第一は，母親の心音であり，第二は，乳児の向き癖であり，第三は母親の脳にそれぞれ還元している。またそれと関連するが，これらの仮説はすべて「目的論」となっていることがわかる。すなわちこれらはサーク（Salk, 1960）が発見した「左側で抱く母親が多い」という「結果」には，単一の「原因」があるとして，その原因のために，左抱きになっているのだと説明しようとしている点で共通しているのである。その結果，こうした仮説が並立し，閉塞状態に陥っているのが現状といえよう。

しかし，抱きが＜母子の身の重なり合いにおけるうごめき＞であるならば，生活の文脈に埋め込まれたそのうごめき方を，外的・内的の二重性に身を置きつつ記述しなければならないということになる。言い換えれば，外部観察者の視点から得られた記述に，行為者の内的視点による分析を重ねることによって，その行為の意味を特定していく作業を行なうことになろう。そうすることによって，行為者は，どのような状況において，どのように振る舞い，その結果として右抱き，左抱きに分岐するという構造が浮かび上がってくると考えられる。そこでの問いは既に「なぜ左抱きで抱く人が多いか」ではなく，「どういう状況において，母子がどのようにうごめいた結果，左右の抱きに分岐するのか」という問いに，質的に変わっていることに気づくだろう。そしてもし左右の抱きの偏りに関心があるのであれば，「それぞれどのような構造を有する母子が，どのような環境において左側で抱くことが結果として多くなるのか」という問いを立てて，検討すれば，結果として左抱きの優位性の謎を解くことはできると考えられる。

現場への示唆

それでは『抱きとは母子の身の重なり合いにおけるうごめきである』という視点は，アカデミックな領域でしか有効性を発揮しない視点なのだろうか。この点に関しては，以下に示すように現場にも重要な示唆を与えられると考えら

れる。一例を挙げれば，以前，東京大学で開催された臨床育児・保育研究会で，抱っこを嫌がる子どもが増えているという意見に基づき，抱っこの正しい「型」を教えようという主旨の議論が行なわれたことがあった。もちろんそのこと自体にも意味はあるのだが，本研究で得られた視点から考えると，それとは異なる方向性が見えてくる。なぜならそもそも「人間が行為の中で達成しているのは，『手続き』ではなく，『課題』そのものの意味の方」（三嶋，2000）だとすれば，「抱きの型」を教えることは根本的な解決にならないからだ。しかも，抱きは，日常生活においては，たとえば移動，片づけ，兄姉との関わりといったさまざまな文脈の中で行なわれることが多いため，状況に応じて調整する柔軟性こそが重要になる。

　抱きが母子の身のうごめきの中で「探される」という視点に立てば，行為主体にそうしたさまざまに変化する状況に柔軟に対応する，「探し方」，「うごめき方」，あるいは「探す際のヒント」を提示することになるだろう。たとえば，「子どもがあばれたら，子どものようすに耳を傾けながら，いろいろな抱き方を試してみてください」とアドバイスすることになるだろう。

先行知見の差異化と再解釈

　次に視点モデルから，本研究と類似した主張に対して検討を加え，本研究の意義を浮き彫りにすることによって，その視点の有効性を確認していく。

[親和性と反発性の相補性]　　まず，親和性と反発性をもち合わせたダイナミックな関係は「触れる」ことと「離れる」ことの相補的な関係によって保たれている可能性を示唆した菅野（2003）の言及をみてみよう。

　　発達の初期段階では，＜触れる＞ことが親和性を導き出すための役割を担い，子どもの発達に伴い，＜離れる＞ことがその役割を担うようになるのである。母親にとって＜触れる＞ことは子どもの理解を可能とするが，そのことは次第に反発的要素をもつことになり，＜離れる＞ことを望むようになる。子どもにとっては母親と＜触れる＞ことで自分の状態を安定させることができるが，離れることで外の世界に触れることが可能となる。母子関係における親和的・反発的要素は子どもの発達によって現れ方が変

化する。その現れ方に身体が強く関連しているのだろう（菅野，2003）。

　これは本研究で示された視点とは似て非なるものといえる。結果として，触れることや離れることが，一定の役割をもち，それが変化していくということは妥当な見解だが，それは外部観察者の視点から，すでに行なわれた行為について，事後的な説明づけをしたものといえよう。おそらく進行形の視点からすると，実際の母子は，そのようなことは行なってはいない。このように，完了した事態に対する外部観点からの記述は，行為者がまさにその場で経験する現在進行形の現象からは大きくかけはなれたものになる可能性がある。この点を明確に認識し，完了形で捉えた現象の記述なのか，進行形で捉えた現象の記述なのかを認識した上で，可能ならば双方の観点から現象を時間的に立体的に捉えることが必要であろう。

[調整的母子観]　また，根ヶ山（2003）は，身体資源の授受という視点は「自立を自ら積極的に志向する子ども観と，子どもの発達段階をモニターして柔軟に対応を変化させる母親観をもたらす」とし，「そのような二者がインタラクティブに協力してそれぞれの自立を果たすという母子観」を提示している。この母子観は本研究で示された離抱像と類似性が高いことから，＜母子の身の重なり合いにおけるうごめき＞という視点から本研究と差異化しつつ，その概念の拡張を試みる。

　たとえば，根ヶ山（2002）はベイトソン（Bateson, 1994）を引用しつつ，以下のように述べている。

　　　Bateson（1994）は，母親が子に対してネガティブにかかわるのは，それによって子の反応をチェックしているのであり子がそれに対して抵抗を示すか，それを受け入れるかによって対処を柔軟に変えるのだと主張している。そのダイナミックな「調整」的母子観は，Trivers の対立的母子観にとってかわる可能性をもったものとして注目を集めつつある。

　本研究は，「ダイナミックな『調整』的母子観」を強調する点で，この見解

を支持し，同時にこれらの成果によって支持されるものである。そして，新たな視点を援用すれば，母親は，まさにその行為が現象している際には，何を探しているかもわからずに，探索的にやり取りを継続しているのであり，チェックするとしても，行為の「意味」が立ち現れてきた後に初めて，それは可能となると考えられる。

このように本研究で得られた『抱きとは母子の身の重なり合いにおけるうごめきである』という視点から調整的母子観を継承発展させれば，＜意識以前の身体レベルのからだのやりとりと，それに対する事後的解釈の循環により，母子関係は構築され続ける＞といった新たな母子関係像が提起されるといえよう。このように，先に提起された視点は，先行研究の成果を全て否定するものではない。そうではなく，それは先行研究の知見をより妥当なものへと再構成し，概念を拡張するための有効な視点となりうるということなのである。その視点は，抱きや調整的母子観といった先行研究の前提，問い方を大きく変更し，より妥当な現象理解に近づけうるものであることから，本研究が母子間の抱きの人間科学的研究として一定の価値を帯びているといえるだろう。

人間科学的研究のモデル提示とその吟味法

以上のことから，1章で提唱された人間科学的研究法の実行可能性と有効性が具体的研究例を通じて示されたといえよう。したがって，ここで本研究を一例として，人間科学的研究法のモデルとして提示したい（表3-1）。

［発達研究法］　構造構成的発達研究法を基軸に横断研究とDSAに基づく縦断研究を効果的に駆使したことから，双方を包括したことがわかる。

［母子関係を捉える視点］　抱きの成立・維持といった求心的側面，離抱といった遠心的側面の双方を包括していることがわかる。

［志向性］　構造構成主義を認識論としたシステム論を基軸としていることから，部分と全体を包括していることがわかる。

［追究対象］　DSAを適用したことで，多様な発達軌跡を単位とした上で，一般性のある知見を抽出してきたことから，多様性と一般性を包括していることがわかる。

表3-1 本研究をモデルとした両極包括的視点の重層化の一例

視点となる軸	従来 注）特に**左の極**に偏重してきた	本研究：両極包括化
発達研究法 横断－縦断（DSA）	**横断** or 縦断（DSA）	横断 and 縦断（DSA）
関係性を捉える視点 求心－遠心	**求心** or 遠心	求心 and 遠心
志向性 部分（要素）－全体	**部分（要素）** or 全体	部分（要素）and 全体
追究対象 一般性－多様性	**一般性** or 多様性	一般性 and 多様性
研究対象 集団－個人	**集団** or 個人	集団 and 個人
アプローチ法 量的－質的	**量的** or 質的	量的 and 質的
観察者の視点 外的－内的	**外的** or 内的	外的 and 内的

［研究対象］　横断研究では平均値をはじめとして集団の構造を明らかにしており，DSAによって個人の発達軌跡を記述したことから，集団と個人を包括したことがわかる。

［アプローチ法］　分析目的に応じて，量的と質的アプローチを駆使したことから，双方を包括していることがわかる。

［観察者の視点］　外部観察者の外的視点から実験的検討を加えつつ，参与観察者の内的視点から相互作用場面の分析を行なったこと等から，外的－内的双方の視点を包括していることがわかる。

本書における人間科学の検討法

　もとより，これこそが人間科学であるというつもりは毛頭ないが，1つの人間科学的研究の試論として意味はもつだろう。不十分ながらも具体性をもたせることにより，それは継承発展させることが可能となると考えられる。人間科学の明確な定義が不在である現状において，人間科学を進展させるためには，

本論は以下の2点から検討される必要がある。第一に，従来の人間科学考と比較して，少しでも問題を先に進めているかが1つの評価基準となるであろう。そして，第二に論理的整合性に焦点化して，一貫性の欠如や飛躍がみられたならば，そこを指摘することにより，本論を叩き台として人間科学を先に進めることが可能となるであろう。この論文は，こうした観点から吟味される必要がある。

そしてこのモデルは，＜哲学的思考による「全体性の再考」に基づき，「全体的理解」のための方法論の確立と，それを通じた研究実践を通じてその実行可能性と有効性を確認する＞という＜全体的営為＞により提示されたということを強調しておきたい。

なお，最後に提示したからといってこのモデルが本書において最も重要な構造ということではない。本書においては，新たな研究法と，それを基軸とした研究を通して得られた知見や視点とは不可分の関係にあり，それらは双方とも異なる次元において価値をもつものといえよう。

そして，構造構成主義を認識論とする本研究によって得られたこのモデルも，1つの構造モデルであり，各要素は変換可能である。今後もさまざまな領域の研究者に「継承」（西條，2002c，2003a，2003c）されることを願いつつ，本章を終えることとする。

★ 3章 注 ★★ ★

★1 もちろん，それは至近要因的には妥当するが，究極要因的には必ずしも妥当しないという指摘もありえよう。究極要因とは，進化の過程でそのようなシステムの「設計図」が予定調和的に形成されているというものである。そのような究極要因による説明は魅力的であり，かつ可能であるが，重要なポイントは，抱きが自己組織化するということは，自律的に上位システムの構造が立ち現われるため，事前のプランニングや設計図をそもそも必要としないということだ。

究極要因的な視点は，発達のメカニズムの解明をしようとした際には，威力を発揮しないことに注意しなければならない。というよりも，そうした観点に立脚すると，必然的に発達のメカニズムを明らかにするという志向性そのものが消失してしまうのである。なぜなら，そうした観点から人間を捉えると，「這えば立つ，立てば歩む」という自然の変化が，出現の順序が一定していて，しかも時期も決定されていると信じることになるからだ。

その結果，横断的研究によって発達の多様性は誤差処理され，どの時期にどのような

行動ができるようになっているかを把握さえすれば，あとはそれが「進化的淘汰に生き残った設計図」や「生物学的にプログラムされた神経成熟」によるものだということですんでしまう。発達心理学が，行為の発達過程を明らかにしようとするものならば，神経成熟や究極要因といった一見もっともらしい要因をブラックボックスに仮定し，それに説明原理を還元することは戦略的に避けねばならない。

　本研究の結果は，こうした考えのもとで初めて導かれたものだということに注意しなければならない。そしてリード（Reed, 1996）が繰り返し強調したように，行為を行為レベルで理解しようとすることこそ，心理学者が生化学や神経科学や歴史的・比較的アプローチをとる人文科学に侵略されないアイデンティティとなるといえよう。

★2　これは外的視点と内的視点の併用という意味で，清水・西條・白神（投稿中）が知覚の恒常性研究において採用した相互特定アプローチ（Varela, Thompson, & Rosch, 1991/2001）と整合するものである。

★ 引用文献 ★★ ★

Adelson, E., & Fraiberg, S. 1974 Gross motor development in infants blind from birth. *Child Development*, 45, 114–126.

Alvarea, G. 1990 Child-holding patterns and hemispheric bias: Evidence from Pre-Columbian art. *Ethology and Sociobiology*, 11, 75–82.

Babchuk, W. A., Hames, R. B., & Thompson, R. A. 1985 Sex differences in the recognition of infant facial expressions of emotion: the primary caretaker hypothesis. *Ethology and Sociobiology*, 6, 89–101.

Bateson, P. 1994 The dynamics of parent-offspring relationships in mammals. *TREE*, 9, 399–403.

Bertenthal, B. I., & Bai, D. L. 1989 Infants' sensitivity to optical flow for controlling posture. *Developmental Psychology*, 25, 936–945.

Bolton, R. 1978 Child-holding patterns. *Current Anthropology*, 19, 134–135.

Bowlby, J. 1976 母子関係の理論Ⅰ:愛着行動 黒田実郎 大羽 泰 岡田洋子 (訳) 東京:岩崎学術出版 [Bowlby, J. 1969 *Attachment: Attachment and loss*, Vol. 1. London: Hogarth Press.]

Bremner J. G. 1999 乳児の発達 渡部雅之(訳) 京都:ミネルヴァ書房 [Bremner, J. G. 1994 *Infancy*. Oxford: Blackwell.]

Bruser, E. 1981 Child transport in Sri Lanka. *Current Anthropology*, 22, 288–290.

Bundy, R. S. 1979 Effects of infant head position on side preference in adult handling. *Infant Behavior and Development*, 2, 355–358.

Carrel, A. 1994 人間この未知なるもの 渡部昇一(訳) 東京:三笠書房 [Carrel, A. 1935 *Man, the unknown*. New York: Harper and Bros.]

陳 省仁 1995 子別れの本能から子別れの文化へ 根ヶ山光一・鈴木晶夫(編) 子別れの心理学 東京:福村出版 pp. 60–76.

陳 省仁 2003 物を与える・奪う:物と身体を媒介する相互交渉と意識の貸与 根ヶ山光一・川野健治(編) 身体から発達を問う:衣食住のなかのからだとこころ 東京:新曜社 pp. 73–90.

Dagenbach, D., Harris, L. J., & Fitzgerald, H. E. 1988 A longitudinal study of lateral biases in parents cradling and holding of infants. *Infant Mental Health Journal*, 9, 218–234.

Denzin, N. K. 1989 *The research act: A theoretical introduction to sociological methods* (3rd ed.). Englewood Cliffs, N. J.: Prentice Hall.

Finger, S. 1975 Child holding patterns in Western art. *Child Development*, 46,

267-271.
Flick, U. 2002 質的研究入門：人間科学のための方法論　小田博志・山本則子・春日常・宮地尚子（訳）東京：春秋社 [Flick, U. 1995 *Quallitative forschung*. Reinbek bei Hamburg: Rowohlt Taschenbuch Verlag GmbH.]
Gibbons, M., Limoges, C., Nowotny, H., Schwartzlnan, s., Scott, P., & Trow, M. 1997　現代社会と知の創造：モード論とは何か　小林信一（監訳）東京：丸善 [Gibbons, M., Limoges, C., Nowotny, H., Schwartzlnan, s., Scott, P., & Trow, M. 1994 *The new production of knowledge: The dynamics of science and research in contemporary society.* Thousand Oak CA: Sag.]
Gibson, J. J. 1966 *The senses considered as perceptual systems.* Boston: Houghton Mifflin.
Gibson, J. J. 1979 *The ecological approach to visual perception.* Boston: Houghton Mifflin.
Ginsburg, H. J., Flinf, S., Hope, M., Musgrove, D., & Andrews, C. 1979 Maternal holding preferences: A consequence of newborn head-turning response. *Child Development*, 50, 280-281.
Goldfield, E. C. 1989 Transition from rocking to crawling: Postural constraints on infant movement. *Developmental Psychology*, 25, 913-919.
Goldfield, E. C. 1993 Dynamic systems in development: Action systems. In L. B. Smith, & E. Thelen (Eds.), *A dynamic systems approach to development: Applications* (pp. 51-70). Cambridge: MIT Press.
Grusser, O. J. 1983 Mother-child holding patterns in Western art: A developmental study. *Ethology and Sociobiology*, 4, 89-94.
Gustafson, G. E. 1984 Effects of the ability to locomotion infants' social and exploratory behaviors: An experimental study. *Developmental Psychology*, 20, 397-405.
南風原朝和・小松孝至　1999　発達研究の観点から見た統計：個の発達と集団統計量との関連を中心に　橋口英俊・稲垣佳世子・佐々木正人・高橋惠子・内田伸子・湯川隆子（編）児童心理学の進歩1999年版　東京：金子書店　pp. 213-238.
濱口晴彦　1988　人間科学的状況の人間科学化：人間科学を考えるシリーズ②　ヒューマンサイエンス, 1, 77-85.
Harris, L. J., & Fitzgerald, H. E. 1983 Postural orientation in human infants: Changes from birth to three months. In G. Young, C, Porter, S. J. Segalowitz, & S. Trehub (Eds.), *Manual specialization and the developing brain*. New York: Academic Press. pp. 285-305.
Harris, L. J., & Fitzgerald, H. E. 1985 Lateral cradling preferences in men and women: Result from a photographic study. *Journal of General Psychology*, 112, 185-189.

春木　豊　1988　人間科学への態度：人間科学を考えるシリーズ①　ヒューマンサイエンス，1，3-10.
春木　豊　2002　身体心理学とは何か　春木　豊（編）　身体心理学：姿勢・表情などからの心へのパラダイム　東京：川島書店　pp. 3-50.
比企静雄　1997　人間科学が呼び起こす研究分野：人間科学を考えるシリーズ⑱　ヒューマンサイエンス，10，25-26.
Holloway, I., & Wheeler, S. 2000　ナースのための質的研究入門：研究方法から論文作成まで　野口美和子（監訳）　東京：医学書院［Holloway, I & Wheeler, S 1996 *Qualitative research for nurses*. Malden：Blackwell Science Ltd.］
Holyoak, K. J., & Thagard, P. 1998　アナロジーの力：認知科学の新しい探究　鈴木宏昭・河原哲雄（監訳）　東京：新曜社［Holyoak, K. J., & Thagard, P. 1995 *Mental leaps: Analogy in Creative Thought*. London：MIT.］
市川　浩　1993　〈身〉の構造　東京：講談社
池田清彦　1990　構造主義科学論の冒険　東京：毎日新聞社
岩本隆茂・川俣甲子夫　1990　シングルケース研究法：新しい実験計画法とその応用　東京：勁草書房
柿崎京一　1992　「大道無門」の人間探究　ヒューマンサイエンスリサーチ，1，5-6.
金子龍太郎　1996　実践発達心理学：乳幼児施設をフィールドとして　東京：金子書房
河本英夫　2000　オートポイエーシス2001：日々新たに目覚めるために　東京：新曜社
川野健治　2001　場所の語り：大学入学時の移行体験　やまだようこ・サトウタツヤ・南　博文（編）　カタログ現場心理学：表現の冒険　東京：金子書房　pp. 164-171
河野哲也　2002　反認知主義——ギブソン心理学の哲学的位置付け　渡辺恒夫・村田純一・高橋澪子（編）　心理学の哲学　京都：北大路書房　pp. 202-216.
鯨岡　峻　1998　両義性の発達心理学：養育・保育・障害児教育と原初的コミュニケーション　京都：ミネルヴァ書房
Kugler, P. N., & Turvey, M. T. 1987　*Information, natural law, and the self-assembly of rhythmic movement*. Hillsdale, N. J.：Lawrence Erlbaum Associates.
小島康生・八澤みち子・脇田満里子　2000　第二子の妊娠・出産が家族の心理や行動に及ぼす影響：(4) 産後6カ月までの母親—第一子関係　日本発達心理学会第11回発表論文集，360.
Lee, D. N., & Aronson, E. 1974　Visual proprioceptive control of standing in human infants. *Perception and Psychophysics*, 15, 529-532.
Levi-Strauss, C. 1972　構造人類学　荒川幾男・生松敬三・川田順造・佐々木明・田島節夫（訳）　東京：みすず書房［Levi-Strauss, C. 1958 *Anthropologie structurale*. Paris：Librairie, Plon.］

Lock, A. 1980 *The guided reinvention of language*. London : Academic press.
Lockard, J. S., Daley, P. C., & Gunderson, V. M 1979 Maternal and paternal differences in infant carry : U. S. and African data. *The American Naturalist*, 113, 235-246.
Magnus, R. 1925 Animal posture (The croonian lecture). *Proceedings of the Royal Society of London*, 98, 339-352.
Mahler, M, Pine, F, & Bergman, A. 2001 乳幼児の心理的誕生：母子共生と個体化 高橋雅士・織田正美・浜畑 紀 (訳) 名古屋：黎明書房 [Mahler, M, Pine, F, & Bergman, A. 1975 *The psychological birth of the human infant*. New York : Basic Books.]
Mahoney, M. J. 1985 Psychotherapy and human change processes. In M. J. Mahoney & A. Freeman (Eds.), *Cognition and psychotherapy*. New York : Plenum Press. pp. 3-48.
Manning, J. T., & Chamberlain, A. T. 1990 The left side cradling preference in great apes. *Animal Behaviour*, 39, 1224-1227.
Manning, J. T., & Camberlain, A. T. 1991 Left-side cradling and brain lateralization. *Ethology and Sociobiology*, 12, 237-244.
Manning, J. T., & Chamberlain, A. T., & Heaton, R. 1994 Left-side cradling : similarities between apes and humans. *Journal of Human Evolution*, 37, 565-610.
Marvin, R. S. 1997 Ethological and general systems perspectives on child-parent attachment during the toddler and preschool years. In N. L. Segal, G. E. Weisfeld & C. C. Weisfeld (Eds.), *Uniting psychology and biology*. Washington : American Psychological Association. pp. 189-216.
三嶋博之 1996 手の能動触によるひものアフォーダンスの知覚 ヒューマンサイエンスリサーチ, 5, 87-100.
三嶋博之 2000 エコロジカル・マインド 東京：日本放送学会
永野重史 2001 発達とは何か 東京：東京大学出版会
Nakamichi, M. 1996 The left-side holding preference is not universal : Evidence from field observations in Madagascar. *Ethology and Sociobiology*, 17, 173-179.
根ヶ山光一 1989 子育ての論理 糸魚川直祐・日高敏降 (編) ヒューマン・エソロジー 東京：福村出版 pp. 59-75.
根ヶ山光一 1995 子育てと子別れ 根ヶ山光一・鈴木晶夫 (編) 子別れの心理学 東京：福村出版 pp. 12-30.
根ヶ山光一 1996 サルの子別れ・ヒトの子別れ 青少年問題, 43, 26-31.
根ヶ山光一 1998 離乳と子の自立 糸魚川直祐・南 徹弘 (編) サルとヒトのエソロジー 東京：培風館 pp. 134-147.
根ヶ山光一 1999 母親と子の結合と分離：アタッチメント理論の検討を通して

東 洋・柏木惠子（編）　社会と家族の心理学：流動する社会と家族Ⅰ　京都：ミネルヴァ書房　pp. 23-45.
根ヶ山光一　2000　比較行動学からみた文化心理学　心理学評論，43，109-118.
根ヶ山光一　2002　発達行動学の視座：〈個〉の自立発達の人間科学的探究　東京：金子書房
根ヶ山光一　2003　食べる・排除する　根ヶ山光一・川野健治（編）　身体から発達を問う：衣食住のなかのからだとこころ　東京：新曜社　pp. 21-36.
Nishida, T. 1993 Left nipple sucking preference in wild chimanzees. *Ethology and Sociobiology*, 14, 45-52.
野嶋栄一郎　1997　システム理論と人間科学：人間科学を考えるシリーズ⑰　ヒューマンサイエンス，9，1-9．
岡本依子　2001　カタログ現場心理学：表現の冒険　やまだようこ・サトウタツヤ・南　博文（編）　母親と子どものやりとり　東京：金子書房　pp. 12-19.
Piaget, J. 1970　構造主義（文庫クセジュ）　滝沢武久・佐々木明（訳）　東京：白水社［Piaget, J. 1968 *Le structuralisme*. Paris : Presses Universitaires de France.］
Piaget, J. 1972　発生的認識論　滝沢武久・佐々木明（訳）　東京：白水社［Piaget, J. 1970 *L'epostemologie genetique*. Paris : Presses Universitaires de France.］
Reed, E. S. 1982 An outline of a theory of action systems. *Journal of Motor Behavior*, 14, 98-134.
Reed, E. S. 1989 Changing theories of postural development. In M. H. Woollacott, A. Shumway-Cook（Eds.）, *Development of posture and gait across the life span*. Columbia : University of South Carolina Press. pp. 3-24.
Reed, E. S. 1996 *Encountering the world toward an ecological psychology*. Oxford : Oxford University.
Rheingold, H. L., & Keene, G. C. 1965 Transport of human young. In B. M. Foss（Ed.）, *Determinants of infant behaviour* Ⅲ. London : Methuen. pp. 87-110.
Richards, J. L., & Finger, S. 1975 Mother-infant holding patterns : A cross-cultural photographic survey. *Child Development*, 46, 1001-1004.
西條剛央　1999　乳児と母親の相互的関与による抱きの成立とその発達　小児保健学会第46回発表論文集，198-199.
西條剛央　2000　母子の「抱き」における乳児の「バード」行動とその発達　小児保健学会第47回発表論文集，258-259.
西條剛央　2001　縦断研究のための土壌創り：「縦断研究法」の体系化に向けて　発達心理学研究，12，242-244.
西條剛央・根ヶ山光一　2001　母子の「抱き」における母親の抱き方と乳幼児の「抱かれ行動」の発達──「姿勢」との関連を中心に　小児保健研究，60，82-90.
西條剛央　2002a　母子間の「横抱き」から「縦抱き」への移行に関する縦断的研究：

ダイナミックシステムズアプローチの適用．発達心理学研究，13，97-108.
西條剛央　2002b　人間科学の再構築Ⅰ：人間科学の危機　ヒューマンサイエンスリサーチ，11，175-194.
西條剛央　2002c　生死の境界と「自然・天気・季節」の語り：「仮説継承型ライフストーリー研究」のモデル提示　質的心理学研究，1，55-69.
西條剛央　2003a　「構造構成的質的心理学」の構築：モデル構成的現場心理学の発展的継承　質的心理学研究，2，164-186.
西條剛央　2003b　人間科学の再構築Ⅱ：「人間科学の考え方」再考　人間科学研究，16，129-146.
西條剛央　2003c　人間科学の再構築Ⅲ：人間科学的コラボレーションの方法論と人間科学の哲学　ヒューマンサイエンスリサーチ，12，133-145.
西條剛央・清水　武　2003　菅原ら論文（1999）を改めて検証する：発達研究枠組みの再考　発達心理学研究，14，90-92.
西條剛央　2004予定　構造構成主義とは何か　京都：北大路書房
斎藤清二　2003　NBMにおける研究法　斎藤清二・岸本寛史（編著）ナラティブ・ベイスド・メディスンの実践　東京：金剛出版　pp. 62-89.
Saling, M. M., & Cooke, W. L. 1984 Cradling and transport of infants by South African mothers: A cross-cultural study. *Current Anthropology*, 25, 333-335.
Salk, L. 1960 The effects of the normal heartbeat sound on the behaviour of the newborn infant: Implications for mental health. *World Mental Health*, 12, 168-175.
Salk, L. 1973 The role of the heartbeat in the relations between mother and infant. *Scientific American*, 228, 24-29.
佐々木正人　1989　からだの動きに認識を見る　体育の科学，39，932-939
佐藤達哉　1998　進展する「心理学と社会の関係」モード論からみた心理学：心理学論（へ）の挑戦(3)　人文学報，288，153-177.
佐藤達哉　2002　モードⅡ・現場心理学・質的研究：心理学にとっての起爆力　下山晴彦・子安増生（編）　心理学の新しいかたち：方法への意識　東京：誠信書房　pp. 173-212.
Schaltenbrand, G. 1928 The development of human motility and motor disturbances. *Archives of Neurology and Psychiatry*, 20, 720-730.
清水　武・西條剛央・白神敬介（投稿中）ダイナミックタッチにおける知覚の恒常性：方法論としての精神物理学と実験現象学
Simon, A. 1953 Head posture and muscle tone. *Physical Therapy Review*, 33, 409-419.
Smith, L. B., & Thelen, E.（Eds.）1993 *A dynamic systems approach to development: Applications*. Cambridge: MIT Press.
菅村玄二・春木　豊　2001　人間科学のメタ理論　ヒューマンサイエンスリサー

チ, 10, 287-299.

菅村玄二 2003 構成主義, 東洋主義, そして人間科学：知の縦列性から知の並列性へ ヒューマンサイエンスリサーチ, 12, 29-48.

菅野幸恵 2003 触れる・離れる 根ヶ山光一・川野健治（編） 身体から発達を問う：衣食住のなかのからだとこころ 東京：新曜社 pp. 144-158.

菅原ますみ・北村俊則・戸田まり・島 悟・佐藤達哉・向井隆代 1999 子どもの問題行動の発達：Externalizing な問題傾向に関する生後11年間の縦断研究から 発達心理学研究, 10, 32-45.

鈴木健太郎・三嶋博之・佐々木正人 1997 アフォーダンスと行為の多様性：マイクロスリップをめぐって 日本ファジィ学会誌, 9, 826-837.

瀬戸淳子・秦野悦子 1997 幼児期における精神遅滞児の DQ 推移とその変動要因 発達心理学研究, 8, 53-64.

竹田青嗣 1994 ニーチェ入門 東京：筑摩書房

竹田青嗣 1995 ハイデガー入門 東京：講談社

竹田青嗣 2001 言語論的思考へ：脱構築と現象学 東京：径書房

竹内敏晴 2001 思想する「からだ」 東京：晶文社

Thelen, E., & Smith, L. B. 1994 *A dynamic systems approach to the development of cognition and action*. Cambridge: MIT Press.

Thelen, E., & Smith, L. B. 1998 Dynamic systems theories. In R. M. Lerner (Ed.), *Handbook of child psychology: Vol. 1*. New York: John Wiley & Sons, Inc. pp. 563-634.

徳永 殉 1997 人間科学とは何だろうか：ゆらぎの中での自己反省と自己組織化 大阪大学人間科学紀要別冊, 5, 20

Trivers, R. L. 1974 Parent-offspring conflict. *American Zoologist*, 14, 249-264.

氏家達夫 1996 子どもは気まぐれ：ものがたる発達心理学への序章 京都：ミネルヴァ書房

Varela, F., Thompson, E., & Rosch, E. 2001 身体化された心：仏教思想からのエナクティブ・アプローチ 田中靖夫（訳） 東京：工作舎［Varela, F., Thompson, E., & Rosch, E. 1991 *The embodied mind: cognitive science and human experience*. Cambridge: MIT Press.］

渡部 洋 1988 心理・教育のための多変量解析入門：基礎編 東京：福村出版

渡邊二郎 1994 構造と解釈 東京：筑摩書房

Weiland, I. H., & Sperber, Z. 1970 Patterns of mother-infant contact: The significance of lateral preference. *Journal of Genetic Psychology*, 117, 157-165.

Weisz, S 1938 Studies in equilibrium reaction. *Journal of Nervous and Mental Diseases*, 88, 150-162.

Wiener, N. 1979 人間機械論 鎮目恭夫・池原止才（訳） 東京：みすず書房 ［Wiener, N. 1954 *The human use of human beings: cybernetics and society*.］

Wieschoff, H. A. 1938 Concepts of right and left in African cultures. *Journal of the American Oriental Society*, 58, 202-217.
Wittgenstein, L. 1995 反哲学的断章　丘沢静也（訳）　東京：青土社　［Wittgenstein, L. 1977 *Vermischte Bemerkungen*. Frankfurt：Suhrkamp Verlag.］
山田洋子　1986　モデル構成をめざす現場心理学の方法論　愛知淑徳短期大学研究紀要, 25, 31-51.
やまだようこ　1997　モデル構成をめざす現場心理学の方法論　やまだようこ（編）現場心理学の発想　東京：新曜社　pp. 161-186.
吉岡　亨　1989　ブレインとマインド：そのミクロな社会：人間科学を考えるシリーズ③　ヒューマンサイエンス, 2, 66-72.

★ 被引用文献 ★★ ★

　本書のもととなっている博士論文を構成する各論文に関する被引用文献は，筆者の知る限り以下の通りであり，2003年10月時点での被引用数は計16であることを付言しておく。

西條剛央：2002　生死の境界と「自然・天気・季節」の語り：「仮説継承型ライフストーリー研究」のモデル提示　質的心理学研究，1巻，55-69.

1）やまだようこ　2002　なぜ生死の境界で明るい天空や天気が語られるのか？：質的研究における仮説構成とデータ分析の生成継承的サイクル　質的心理学研究，1, 70-87.
2）菅村玄二　2003c　生死の境界での語り：実験心理学から見た質的心理学　質的心理学研究，2, 150-158.
3）佐藤達哉　2002　モードⅡ・現場心理学・質的研究——心理学にとっての起爆力　下山晴彦・子安増生（編）　心理学の新しいかたち——方法への意識　第5章　誠信書房　pp. 173-212.
4）斎藤清二　2003　いわゆる「慢性膵炎疑診例」における構造仮説継承型事例研究　斎藤清二・岸本寛史（編著）　ナラティブ・ベイスド・メディスンの実践　東京：金剛出版　pp. 230-246.
5）斎藤清二　2003　NBMにおける研究法　斎藤清二・岸本寛史（編著）　ナラティブ・ベイスド・メディスンの実践　東京：金剛出版　pp. 62-89.
6）山西博之・田中博晃　2003　英語教育研究学における質的研究と量的研究の融合　仮説検証から仮説継承へ，40, 161-173.

西條剛央：2002　母子間の「横抱き」から「縦抱き」への移行に関する縦断的研究：ダイナミックシステムズアプローチの適用　発達心理学研究，13巻，97-108.

7）山口　創　2003　愛撫・人の心に触れる力　東京：NHKブックス
8）竹下秀子・板倉昭二　2002　ヒトの赤ちゃんを生みだしたもの，ヒトの赤ちゃんが生みだすもの：発育・発達の時間的再編と行動進化　ベビーサイエンス，2, 20-30.

西條剛央：2002　人間科学の再構築Ⅰ：人間科学の危機　ヒューマンサイエンスリサーチ，11巻，175-194.

9）春木　豊　2003　「人間科学の態度」再考　ヒューマンサイエンスリサーチ，12, 3-7.

10) 菅村玄二　2003　構成主義，東洋思想，そして人間科学：知の縦列性から知の並列性へ　ヒューマンサイエンスリサーチ，12，29-48．
11) 斎藤清二　2003　いわゆる「慢性膵炎疑診例」における構造仮説継承型事例研究　斎藤清二・岸本寛史（編著）　ナラティブ・ベイスド・メディスンの実践　東京：金剛出版　pp. 230-246．
12) 斎藤清二　2003　NBMにおける研究法　斎藤清二・岸本寛史（編著）　ナラティブ・ベイスド・メディスンの実践　東京：金剛出版　pp. 62-89．

西條剛央：2003　人間科学の再構築Ⅱ：「人間科学の考え方」再考　人間科学研究，16巻，129-146．
13) 斎藤清二　2003　NBMにおける研究法　斎藤清二・岸本寛史（編著）　ナラティブ・ベイスド・メディスンの実践　東京：金剛出版　pp. 62-89．
14) 清水　武　2003　人間科学の新たな組織化のためのシステムマネジメント　ヒューマンサイエンスリサーチ，12，121-131．

西條剛央：2003　「構造構成的質的心理学」の構築：モデル構成的現場心理学の発展的継承　質的心理学研究，2巻，164-186．
15) 斎藤清二　2003　NBMにおける研究法　斎藤清二・岸本寛史（編著）　ナラティブ・ベイスド・メディスンの実践　東京：金剛出版　pp. 62-89．
16) 菅村玄二　2003　構成主義，東洋思想，そして人間科学：知の縦列性から知の並列性へ　ヒューマンサイエンスリサーチ，12，29-48．

あとがき

　本書は私の5年間の大学院生活の集大成ということもできる。したがって私の短い研究歴を記すことにより，本書成立の経緯に代えたい。

　大学4年生の時，母子間の「抱き」をテーマに研究することになった。わが師の根ヶ山光一教授から，「最初から本や文献などを読まずに，まず現象を見なさい」という大胆で妥当な教えを受けたこともあり，観察研究をすることとした。大学院に入ると，縦断データの収集を開始した。幸い，好意ある方々のおかげで，いくつかのフィールドをもつことができ，それから毎月1度の頻度で，最長で3年以上にわたるデータを集めることとなった。

　これは極めて貴重な経験であった。今私がもっている問題意識の根底はこれらの経験から創発したといえる。実際の発達は，教科書に書いてあるような一様なものではなかった。たとえば，横抱きから縦抱きへの移行時期1つとっても多様であったし，そのプロセスも多様であった。実際に自分の目の前で起こっている現象はどれも「本当」であり，それを1つの平均値に集約して，それを「正しい」基準かのように提示することに強い違和感を覚えた。

　もし最初から質問紙研究を行なっていたら，つまり機械的に数字を打ち込んでいく作業をするだけであったなら，多様な発達現象を目のあたりにすることはなく，こうした違和感は生じなかったように思う。そうした経験から，従来の発達研究法は依拠する前提自体に重大な誤謬があり，発達心理学は長年にわたり重大な過ちを犯してきたのかもしれないと思うようになっていった。

　また，伝統的な行動観察の立場からすると，研究者は「客観的な」観察が可能であり，それは家庭（現場）の人々の主観的な解釈よりも信頼にたるというのが通説であったが，それも徐々に疑わしく思われてきた。たとえば，家庭に入り観察をする中で，子どものお母さん方やそのお兄ちゃん，お姉ちゃんは，私よりはるかに「その子」のコトバを理解することができた。外部から「客観的に」観察，記述することも大事だが，子の最も身近にいる人々が現象として

どのように受け取っているかも，大切なことがわかった。

　また，現場では，「確かにある」と確信できるのに，数量化しようとすると，するりとその姿を消してしまう「夏の道路に出る水たまりの蜃気楼」を見るような思いを幾度となく体験した。現場では計測できないことが多過ぎるように思えた。無理やり計測したとしても，そのとたんに本質を失ってしまうようでもあった。そもそも数える単位すらない現象は，どうすればよいのだろうかと思った。大学，大学院では数量化することこそが心理学であるかのような教育を受けたが，このフィールドでの経験により心理学において数量化は現象を捉える1つの手段であり，それ以上のものではないという思いを強くもつようになっていった。それを契機に質的研究法への関心が芽生え，その後，今日に至るまで質的研究法の整備は自分の1つの大きな課題となった。

　思索を進めているうちに，方法論の背景には認識論が横たわっていることがわかってきた。認識論とは，現象をどのようなものとして認識するかという前提となるものである。相容れない2つの方法論，たとえば，客観性を重視する数量的アプローチと主観性を重視する質的アプローチを併用することは，矛盾を解消可能にする認識論が不在であったため「方法論的折衷主義」と評され，正当なアカデミックな地位は与えられていなかった。それを方法論的多元主義とでもいうべき理論的に整合性のとれたものにするためには，それらの統一原理となる認識論的基盤を確立しなければならないことを意味した。こうした問題意識から，それは構造構成主義としてしだいに結実していった。

　このように現場で発達現象を目のあたりにする中から，私の関心は方法論，認識論など，より根源的なところへ降りていったのである。そのため研究テーマも多岐にわたり，博士論文をまとめる際には，いくつかの選択肢が考えられた。最初は，構造構成主義を中心に，人間科学の再構築をテーマとした理論論文を書きたいと思った。人間科学の博士号が与えられるはずの博士論文にもかかわらず，結局はそれぞれの専門領域の研究をまとめるだけで（それもそれでもちろんありなのだが）題名に人間科学と名のつく博士論文が見られない現状に違和感をもっていたからだ。しかし，根ヶ山先生や春木先生のアドバイスもあり，もう一度現象に立ち戻って実証的研究でまとめてもよいかもしれないと思い直し，母子間の抱きを中心に据えることにした。この判断は正解であった

ように思う。そうして2週間ほどで，本書の基盤となる博士論文を書き上げた。

　結果的には，方法論，認識論と理論的思索を進めた後に，もう一度「抱き」という現象理解に立ち戻ってくることになったのである。大学院在学中に，私が認識論や方法論へと関心を寄せずに，「抱き」の研究だけに専念したならば，抱きに関する記述量は大量に加算されていたであろうし，それに関する論文の数も大幅に増えていたことであろう。同じテーマで「量」を増やしていくことは，比較的容易なことのように思えたが，自分の関心は「部分」ではなく「全体」に向かった。私は，こうしたプロセスをたどったおかげで（その成否はともかく）同じ「抱き」というテーマでも，より革新的・全体的な視点から研究することができたように思う。

　以下は謝辞なので，言葉遣いを謝辞モードに変えます。研究者の卵からなんとか自立するに至った今日まで，本当にたくさんの方にお世話になってきました。そのような方々のサポートがなければ，今の私はなく，本書を出すこともありえませんでした。この場を借りて心から御礼申し上げます。

　まず，指導教官の根ヶ山光一教授には，長年にわたっていねいにきめ細かい指導をしていただきました。私のように破天荒な人間が，どうにか育っていけたのは根ヶ山先生の器の大きさのおかげだと思っています。また，根ヶ山先生の研究に対する情熱や学生指導に対する真摯な態度など，その背中を見て学んだことも大きな財産となったと思います。本当にありがとうございました。

　その他学内外の筆者が研究に邁進する姿勢を支持し，見守ってくださったすべての方々に，ここに記して感謝いたします。特に，急なお願いにもかかわらず本書のもととなった博士論文の副査を快く引き受けてくださり，ていねいにコメントいただいた春木豊教授と濱口晴彦教授にも心より御礼申し上げます。

　各研究でお世話になった方々にも心より御礼申し上げます。研究1では，観察に際しご協力いただいた土谷みち子先生，加藤邦子先生をはじめとする財団法人家庭教育研究所のスタッフの皆さまに深謝いたします。また研究にご協力いただいたお母さま方に心から御礼申し上げます。

　研究2・研究4では，観察に際し，大平愛子先生や肥沼ふさ子先生，高瀬京子先生をはじめとする大平母乳育児相談室のスタッフの方々，中瀬泰子先生，

あとがき

　早川久子先生をはじめとするおおぎ第二保育園のスタッフの方々，また長期間にわたり研究に協力してくださったすべてのお母さま方とその赤ちゃんに心より御礼申し上げます。また，抱っこモニターの会「トトロの森」の皆さまに心より感謝いたします。皆さまには，いつもエネルギーを与えていただきました。

　また研究3を進めるにあたり，清水武氏には，データの分析に際し，非常に有益な示唆をいただき，感謝いたしております。さらに，調査に協力してくださった株式会社コンビの方々，汐見俊幸氏をはじめとする臨床育児・保育研究会のみなさま，また質問紙にご記入いただいたすべてのお母さま方に厚く御礼申し上げます。

　また多くの良質の刺激をくださった早稲田大学四天王会の仲間にも深く感謝します。同僚の清水武氏には，卒論の頃からお世話になりました。556研究室で切磋琢磨することにより，得難い影響を受けましたし，統計をはじめとして，いろいろと教えていただきました。博士論文も氏の全面的サポートがなければ完成させることはできなかったと思います。菅村玄二氏と荘島宏二郎氏にも，公私ともに多大な影響を受けました。菅村氏には論文や要約，アブストの書き方，あるいは研究者として身につけるべき隠れた技術など，ことあるごとに教えてもらいました。荘島宏二郎氏は，統計的な技術をわかりやすく教えてくださり，またどんな時も味方となって支えていただきました。心から感謝いたします。

　私の研究を周囲で支えてくださった根ヶ山研究室の皆さまにも心より御礼申し上げます。特に則松宏子氏には，先輩研究者としてさまざまなことを優しく教えていただきました。三橋大輔氏には，パソコンまわりで何から何までお世話になりました。広瀬美和氏には，食生活のサポートをしていただきました。西條香理氏には博士論文の引用文献の整理等を手伝っていただきました。ありがとうございました。

　また，次世代人間科学研究会の皆さまにも心より御礼申し上げます。特に無藤隆氏には，実質上第二の指導教官といってよいほど，さまざまな側面におい

てご指導・御助力いただきました。ほんとうにありがとうございました。鈴木平氏には，複雑系研究会をはじめとしてよい刺激を受け，お世話になりました。心より感謝いたします。また三嶋博之氏には，進学の際親身に相談にのっていただき，その後も学会のワークショップや研究会などでたいへんお世話になりました。心より感謝いたします。そして，川野健治氏には，各学会のワークショップ多数をはじめ，さまざまな企画でお世話になり，心から感謝しております。そして内田伸子氏，足立自朗氏，秦野悦子氏，やまだようこ氏，北村英哉氏，岡本拡子氏には学問的・社会的に大変お世話になりました。誠にありがとうございました。また寺田夫妻にもさまざまな側面からサポートしていただきました。心より御礼申し上げます。

　遠くから見守ってくれた実家の家族とさまざまな助力を与えてくれた祖父母に感謝いたします。

　私の最初の単著となる本書が出版されることになったのは，私に「可能性」を見い出して声をかけてくださった北大路書房の関一明氏のおかげであります。わがままをいろいろと聞いていただき，また編集者としてはもとより人生の先達としても多大な励ましを受けました。そしてかなり厳しい時間的制約の中，大学院在学中に本書を世に送り出すことができましたのは，ひとえに関氏の迅速かつ緻密なお仕事によるご助力のおかげです。心から感謝いたします。

　最後に，本書は研究者としての育ての親といえる師・根ヶ山光一氏に捧げたいと思います。

2004年1月12日

西條剛央

［執筆者紹介］
西條剛央（さいじょう　たけお）
1974年　宮城県仙台市に生まれる
2002年　次世代人間科学研究会設立・主宰
2002年～2004年　日本学術振興会特別研究員
2004年　早稲田大学大学院人間科学研究科にて博士号（人間科学）取得
現　在　非常勤講師として以下を兼任。
　　　　東洋大学（人間関係論），立教大学（社会論）
　　　　東京福祉大学（社会心理学・生涯発達心理学・心理学基礎実験など）
　　　　研究生として国立精神・神経センター精神保健研究所に所属
専　攻　心理学（発達心理学・社会心理学・質的心理学），
　　　　構造構成主義（構造構成的発達研究法，構造構成的質の研究法など）
主　著　構造構成主義とは何か：次世代人間科学の原理　北大路書房　2005年
　　　　構造構成的発達研究法の理論と実践：縦断研究法の体系化に向けて
　　　　　北大路書房　2005年
　　　　その他，学術論文や分担執筆多数。

　　　　　　　　　　　　母子間の抱きの人間科学的研究

2004年3月10日　初版第1刷印刷	定価はカバーに表示してあります。
2005年3月25日　初版第2刷発行	

著　　者　　西　條　剛　央
発　行　者　　小　森　公　明
発　行　所　　㈱北大路書房

〒603-8303　京都市北区紫野十二坊町12-8
　　　　電　話　(075) 4 3 1 - 0 3 6 1 (代)
　　　　F A X　(075) 4 3 1 - 9 3 9 3
　　　　振　替　0 1 0 5 0 - 4 - 2 0 8 3

Ⓒ2004　印刷／製本　亜細亜印刷㈱
検印省略　落丁・乱丁本はお取り替えいたします

ISBN4-7628-2364-3　　　　Printed in Japan